équipe

en clair

2
3

Anna Jones

OXFORD

UNIVERSITY PRESS

OXFORD
UNIVERSITY PRESS

Great Clarendon Street, Oxford OX2 6DP

Oxford University Press is a department of the University of Oxford.
It furthers the University's objective of excellence in research, scholarship,
and education by publishing worldwide in

Oxford New York

Auckland Bangkok Buenos Aires Cape Town Chennai
Dar es Salaam Delhi Hong Kong Istanbul Karachi Kolkata
Kuala Lumpur Madrid Melbourne Mexico City Mumbai Nairobi
São Paulo Shanghai Taipei Tokyo Toronto

Oxford is a registered trade mark of Oxford University Press
in the UK and in certain other countries

British Library Cataloguing in Publication Data

Data available

ISBN 0 19 912388 8

1 3 5 7 9 10 8 6 4 2

Designed and typeset in Great Britain by Michael Spencer, Leeds
Printed in Great Britain by Allstar Services Ltd., Harrow

Acknowledgements

Illustrations by Martin Aston, Matt Buckley, Stefan Chabluk,
Melvyn Evans, Matt Fenn, Stuart Harrison, Stephen Lillie,
Colin Mier, David Mostyn, Ohn Mar Win, Rosemary Woods

Photograph by Martin Sookias

Recordings
Music for the songs by Laurent Dury
Voices for the songs: Laurent Dury, Laurent Magloire, Dorothée Rascle
Voices for other recordings: Jean-Pierre Blanchard, Adrien Carré, Aurélia Carré,
Juliet Dante, Caroline Dewast, Louise Dewast, Marvin Dez, Sabrina Earnshaw,
Guillaume Jouinot, Daniel Pageon, Clémence Pizano, Julien Rose,
Carolle Rousseau, Matthieu Sagnier, Natalie Sawyer, Jessica Schinazi
Production by Marie-Thérèse Bougard, Simon Humphries and Charlie Waygood
Studio: Air-Edel, London W1

Completing *Équipe 2* in a year

Some of the units in *Équipe 2* have been radically changed to accommodate the learning rate of lower ability pupils and to allow teachers to finish the course in a year. The whole of *Unité 5* has been omitted in these copymasters as this can be incorporated into the course at different times, for example as gap-fill lessons at Christmas.

Unité 4 has been streamlined for lower ability pupils and covers just daily routine and household chores in the first and second person singular and the perfect tense.

The topic of planning and preparing a party can be left out completely if time will not allow completion of the whole book.

The material in *Unité 9* is largely revision of language taught in *Équipe 1* (personal appearance, rooms in the house) or earlier in *Équipe 2* (holidays and activities abroad). Therefore, the whole of the unit can be broken down and used in these earlier units.

Unité 8 is similar. For lower ability pupils it is sufficient to focus solely on the numbers and telephoning section. The focus of *Unité 3* lends itself well to this and the material from *Unité 8* can be used when inviting others to go out.

Suggested course structure

Autumn term

First half term:

Unité 1

- clothes
- different looks and outfits
- buying clothes in a shop

Second half term:

Unité 2

- TV programmes and films
- opinions

Spring term

First half term:

Unité 3

- going out
- places in the town
- giving directions (from *Équipe 1 Unité 8*)
- activities done last weekend
- include the numbers and telephoning section of *Unité 8* here

Completing Équipe 2 in a year

Second half term:

Unité 4

- daily routine and household chores
- revision of time (from *Équipe 1 Unité 9*)

Summer term

First half term:

Unité 6

- transport
- international travel
- weather and countries (from *Équipe 1 Unité 9*), past tense
- include the material on activities abroad from *Équipe 2 Unité 9*

Second half term:

Unité 7

- part-time work
- pocket money
- could do revision of personal appearances here from *Équipe 2 Unité 9*

Assessment

- test *Contrôles 1–3* at the end of the first half of Spring term

or

- divide the *Contrôles 1–3* between the end of the Autumn term and the end of the first half of the Spring term

- test both *Contrôles 4–6* and *7–9* at the end of the Summer term

or

- divide *Contrôles 4–6* and *7–9* between the end of the Spring term and the end of the Summer term

Feuille 1 Ma tenue préférée
pages 10–11
Objectives
- Describe various outfits using colours

Suggested timing
Use this copymaster as a vocabulary sheet after introducing the items of clothing and colours.

Key language

un blouson	*beige*
un jean	*blanc/blanche*
un pantalon	*bleu(e)*
un pull	*gris(e)*
un sweat	*jaune*
un tee-shirt	*marron*
une chemise	*noir(e)*
une cravate	*rose*
une jupe	*rouge*
une robe	*vert(e)*
une veste	
des baskets	
des bottes	
des chaussettes	
des chaussures	
des sandales	

Materials
- Students' Book pages 10–11
- Encore Workbook 2, page 4
- OHTs 1A1, 1A2, 1A3

AT 4.1   **1** Pupils match the pictures of the clothes to the words in the box.
Answers:
1 i, **2** b, **3** a, **4** f, **5** d, **6** c, **7** h, **8** j, **9** g, **10** k, **11** e, **12** l, **13** o, **14** p, **15** m, **16** n

2 Pupils write the correct phrases underneath the pictures and then colour them in according to the description.
Answers:
a le sweat jaune
b le tee-shirt bleu
c la chemise verte
d le blouson noir
e la jupe rose
f le short orange
g le jean noir
h le pantalon rouge
i les chaussures marron
j les sandales rouges
k les baskets blanches
l les bottes grises

Follow-up activity. Using a digital camera, pictures could be taken of the pupils in school uniform and/or their own clothes. The pictures could then be imported into the computer where the pupils could describe the 'looks'. Alternatively the teacher could make a worksheet incorporating the pictures on which pupils could write a description of themselves.

Feuille 2 J'adore le look sport
pages 12–13
Objectives
- Describe various outfits
- Say what sort of 'look' is created
- Give opinions about various outfits

Suggested timing
Use this copymaster instead of Students' Book page 12, activity 1.

Key language
j'aime …
j'aime bien …
je déteste …
je n'aime pas beaucoup …
le look habillé
le look décontracté
le look sport
c'est pratique
c'est sympa
c'est moche
Pour aller au collège, je mets …
Pour aller en ville, je mets …
Pour aller à une boum, je mets …

Materials
- Students' Book pages 12–13
- Encore Workbook 2, page 5
- OHTs 1A1, 1A2, 1A3, 1B

AT 4.2   Pupils write a description of the clothes they would wear to go to school, to town and to a party. They draw the outfits and then write what they think about the 'looks' using the word wall to help them.

Feuille 3 Écoute bien
pages 13 and 15

Objectives
• Listen to and understand other people describing different 'looks' and giving their opinions

Suggested timing
Use this copymaster instead of Students' Book page 13, activity 4, and instead of Students' Book page 15, activity 7.

Key language
j'adore …
j'aime …
j'aime bien …
je déteste …
je n'aime pas beaucoup …
le look habillé
le look décontracté
le look sport
C'est pratique.
C'est sympa.
C'est moche.
Ça me va?
Ça te va bien.
C'est ton genre.
Ce n'est pas ton genre.
Non, ça ne te va pas.
C'est trop grand.
C'est trop petit.
ce
cet
cette
ces

Materials
• Students' Book pages 13 and 15
• CD tracks 1–2
• Encore Workbook 2, pages 5–6
• OHT 1B

AT 1.2 **1a** Pupils listen to the recording and mark in the grid what the people think of the different 'looks'.

1b They then write down exactly what the opinions are.
Answers:

	le look sport	le look décontracté
Karima		✔
Martin	✔	
Nathalie	✘	
Antoine	✘	

Karima C'est pratique.
Martin C'est sympa.
Nathalie C'est moche.
Antoine C'est moche.

Transcript
– Karima, qu'est-ce que tu aimes comme look?
– J'aime bien le look décontracté. C'est pratique.
– Martin, qu'est-ce que tu aimes comme look?
– Moi, j'adore le look sport. C'est sympa.
– Nathalie, qu'est-ce que tu aimes comme look? Le look sport?
– Ah non! Je déteste le look sport! C'est moche!
– Antoine, qu'est-ce que tu aimes comme look? Le look sport?
– Non, je n'aime pas beaucoup le look sport. C'est moche!

2 Pupils match the pictures to the conversations on the recording.
Answers:
1 f, **2** d, **3** e, **4** a, **5** b, **6** c

Transcript
1 – J'aime bien ce pull. Ça me va?
– Oh oui, ça te va bien. C'est ton genre.

2 – Super, cette veste! Ça me va?
– Euh … non, ça ne te va pas. Ce n'est pas ton genre!

3 – J'aime bien ce tee-shirt. Ça me va?
– Euh … non, non, c'est trop petit!

4 – Oh, j'adore cette jupe! Ça me va?
– Ben … non, c'est trop grand!

5 – Wouah, géniales, ces baskets! Ça me va?
– Euh … non. Ce n'est pas ton genre.

6 – Super, cette robe. Ça me va?
– Oh oui, ça te va super bien!

Feuille 4 Au magasin de vêtements

pages 14–15

Objectives

- Ask for different types of clothes
- Ask for advice about clothes
- Give advice

Suggested timing

Use this copymaster after Students' Book page 15, activity 7.

Key language

Je voudrais …
Ça me va?
Ça te va bien.
C'est ton genre.
Ce n'est pas ton genre.
Non, ça ne te va pas.
C'est trop grand.
C'est trop petit.

Materials

- Students' Book pages 14–15
- Encore Workbook 2, page 6
- OHTs 1A1, 1A2, 1A3, 1B

AT 2.2

1 Pupils read the role-plays and fill in the gaps using the words in the boxes to the right of the conversations to help them.
Answers:

Conversation 1
A Bonjour, madame.
B Bonjour, monsieur. Je voudrais une <u>jupe</u> rouge.
A Voilà.
B Ça <u>me</u> va?
C Non. Ça ne te <u>va</u> pas. C'est <u>trop</u> grand.

Conversation 2
A Bonjour, <u>madame</u>.
B Bonjour, monsieur.
A Je <u>voudrais</u> un pull <u>vert</u>.
B Voilà.
A Ça me <u>va</u>?
C Ah oui, ça te <u>va</u>. C'est <u>super</u>.

Conversation 3
A Bonjour.
B Bonjour.
A Je voudrais une <u>chemise</u> blanche.
B Voilà.
A Ça me va?
C <u>Non</u>, ça <u>ne</u> te va pas. Ce n'est pas ton <u>genre</u>.

Conversation 4
A Bonjour.
B Bonjour.
A Je <u>voudrais</u> un pantalon <u>bleu</u>.
B Voilà.
A Ça me <u>va</u>?
C Non, <u>ça</u> ne te <u>va</u> pas. C'est trop <u>petit</u>.

2 Pupils choose one of the conversations to practise and perform, or they make up one of their own to perform.

Feuille 5 Le blues du blue-jean

page 16

Objectives

- Practise the language learnt in the unit in a different and fun context

Suggested timing

Use this copymaster with the song shown on Students' Book page 16.

Key language

Qu'est-ce que je mets?
ma tenue préférée
… trop grand
… rayé
… serré
… trop petit
une robe
un caleçon
un tee-shirt
un jean
un sweat
un pantalon
des baskets

Materials

- Students' Book pages 16
- CD track 3
- OHTs 1A1, 1A2, 1A3, 1B

AT 2.2–3

1 Pupils listen to the song and tick the items of clothing mentioned.
Answers:
Pupils should tick pictures of:
a dress, **g** t-shirt, **c** trousers, **b** jeans, **k** leggings, **f** sweatshirt, **i** trainers

2 Pupils listen to the chorus and fill in the missing words.
Answers:
Ma tenue <u>préférée</u>,
C'est mon <u>jean</u> délavé,
Mon <u>vieux</u> jean,
Mon <u>blue-jean</u>,
C'est le blues du blue-jean.

> **Transcript**
> Pour aller chez Noé,
> Qu'est-ce que je mets?
> Qu'est-ce que je mets?
> Ma jolie robe rayée?
> Elle est trop serrée.
> Mon tee-shirt en lycra?
> Ça ne me va pas.
> Aïe aïe aïe, qu'est-ce que je mets?
>
> *Refrain:*
> Ma tenue préférée,
> C'est mon jean délavé,
> Mon vieux jean,
> Mon blue-jean,
> C'est le blues du blue-jean.

Pour aller chez Clément,
Qu'est-ce que je mets?
Qu'est-ce que je mets?
Mon beau pantalon blanc?
Il est bien trop grand.
Mon caleçon rose et gris?
Il est trop petit!
Aïe aïe aïe, qu'est-ce que je mets?

[Refrain]

Ça y est, j'ai une idée.
Qu'est-ce que c'est?
Qu'est-ce que c'est?
Mon vieux jean délavé!
Mon jean adoré,
Avec un nouveau sweat
Et mes vieilles baskets,
Oh là là, c'est sympa!

[Refrain]

Feuille 6 Checklist

page 17

Objectives

• Check what has been learnt in this unit

Suggested timing

Use this copymaster instead of the checklist on
Students' Book page 17.

Materials

• Students' Book page 17
• Encore Workbook 2, pages 9–10
• OHTs 1A1, 1A2, 1A3, 1B

| AT 4.2 |

Pupils complete the phrases with what they have
learnt and then colour in the bubble writing to
give them a visual marker as to how far they have
come.

Feuille 7 La télé
pages 22–23

Objectives
- Identify different types of television programme in French
- Recognize vocabulary to express likes, dislikes and opinions about television programmes

Suggested timing
Use this copymaster as a vocabulary sheet after the television programmes have been introduced.

Key language
un film
un documentaire
un dessin animé
un feuilleton
un jeu
la météo
les infos
une émission sportive
une émission pour la jeunesse
J'adore …
J'aime (bien) …
Je préfère …
Je n'aime pas …
Je déteste …
Ce n'est pas marrant.
C'est nul.
Ce n'est pas mal.
C'est génial.
C'est intéressant.
C'est débile.
C'est drôle.

Materials
- Students' Book pages 22–23
- Encore Workbook 2, page 12
- OHTs 2A1, 2A2, 2B

 1 Pupils match the pictures of television programmes to the correct French name. They write the French under the correct picture.
Answers:
a un documentaire, **b** une émission sportive, **c** un jeu, **d** un dessin animé, **e** les infos, **f** une émission pour la jeunesse, **g** un feuilleton, **h** la météo, **i** un film

2 Pupils write the correct translation next to the French for likes and dislikes

Answers:

J'adore	I love
J'aime (bien)	I (quite) like
Je préfère	I prefer
Je n'aime pas	I don't like
Je déteste	I hate

Feuille 8 Ton émission préférée
pages 22–23

Objectives
- Name different television programmes
- Express likes, dislikes and simple opinions about television programmes

Suggested timing
Use this copymaster as a consolidation exercise after television programmes and opinions have been introduced.

Key language
un film
un documentaire
un dessin animé
un feuilleton
un jeu
la météo
les infos
une émission sportive
une émission pour la jeunesse
J'adore …
J'aime (bien) …
Je préfère …
Je n'aime pas …
Je déteste …
Ce n'est pas marrant.
C'est nul.
Ce n'est pas mal.
C'est génial.
C'est intéressant.
C'est débile.
C'est drôle.

Materials
- Students' Book pages 22–23
- Encore Workbook 2, page 12
- OHTs 2A1, 2A2, 2B

 1 Pupils order the opinion statements into the positive and negative columns in the table.
Answers:

😊	😞
C'est intéressant.	C'est nul.
C'est drôle.	C'est débile.
C'est génial.	Ce n'est pas marrant.

2 For each television programme, pupils should write down what sort of programme it is, whether they like it or not and what they think about it.

Follow-up activity. Pupils could make up their own television guide which they could make into a booklet (see suggestion below). To create this guide, pupils choose different programmes that they would watch during the week and write a mini review of each one to show which they would and would not recommend. Write up a few examples to provide a pattern.

	TV1	**TV2**	**TV3**
09h	**The Simpsons:** un dessin animé	**Top of the Pops:** une émission pour la jeunesse	**Horizon:** un documentaire
10h	**EastEnders:** un feuilleton	**Match of the Day:** une émission sportive	**Titanic:** un film
11h	**South Park:** un dessin animé		
12h	**Star Wars:** un film	**News:** les informations	
13h		**Countdown:** un jeu	**The Bill:** un feuilleton

Je vais regarder *The Simpsons.*
C'est un dessin animé.
J'aime ça, c'est génial!!

Je vais regarder _____
_____
_____

Je vais regarder _____
_____
_____

Feuille 9 Tu aimes ...?
page 23

Objectives
- Listen to and understand other people's opinions on television programmes
- Ask and talk about opinions on television programmes

Suggested timing
Use this copymaster instead of Students' Book page 23, activity 2a.

Key language
un film
un documentaire
un dessin animé
un feuilleton
un jeu
la météo
les infos
une émission sportive
une émission pour la jeunesse
J'adore ...
J'aime (bien) ...
Je préfère ...
Je n'aime pas ...
Je déteste ...
Ce n'est pas marrant.
C'est nul.
Ce n'est pas mal.
C'est génial.
C'est intéressant.
C'est débile.
C'est drôle.

Materials
- Students' Book page 23
- CD track 4
- Encore Workbook 2, page 12
- OHTs 2A1, 2A2, 2B

AT 1.3

1   Pupils listen to the recording and note down which programmes they like and don't like.

> **Transcript**
> – Antoine, tu aimes regarder la télévision?
> – Oui, j'adore les émissions sportives. C'est génial! J'aime aussi les dessins animés ...
> – Qu'est-ce que tu n'aimes pas?
> – Je déteste les jeux. Les jeux, c'est nul!
>
> – Et toi, Nathalie?
> – J'aime regarder les films. J'aime aussi regarder les informations. C'est intéressant. Par contre, je n'aime pas les feuilletons. C'est pas marrant, les feuilletons.
>
> – Salut, Martin. Qu'est-ce que tu aimes regarder à la télé?
> – J'aime bien regarder les informations ... et j'aime aussi la météo. Par contre, je déteste les émissions pour la jeunesse. C'est débile, les émissions pour la jeunesse.

> – Karima, qu'est-ce que tu aimes?
> – Moi, à la télé, j'adore les dessins animés. C'est drôle! J'aime aussi regarder les documentaires.
> – Et les émissions sportives?
> – Ah non, les émissions sportives, c'est pas marrant. Je n'aime pas beaucoup ça.
>
> – Et toi, Max?
> – J'aime regarder les jeux, mais je préfère les feuilletons. J'adore les feuilletons américains ... ils sont super ... mais par contre, je n'aime pas les documentaires.
>
> – Roxanne, que préfères-tu?
> – Je préfère les jeux.
> – Les jeux, et ...
> – Et j'aime bien aussi les émissions pour la jeunesse. Mais je n'aime pas les films. Les films sont toujours débiles!

Answers:
The following columns should be marked with a tick or a cross:

Antoine ✔ sports programmes, cartoons
✘ game shows

Nathalie ✔ films, news
✘ soaps

Martin ✔ news, weather forecast
✘ children's programmes

Karima ✔ cartoons, documentaries
✘ sports programmes

Max ✔ game shows, soaps
✘ documentaries

Roxanne ✔ game shows, children's programmes
✘ films

2 Pupils conduct a survey of opinions in the class and note them in the grid provided.

3 Pupils record their findings on a graph.

Feuille 10 *Le programme de télé*

page 24

Objectives
• Read and understand a French TV guide

Suggested timing
Use this copymaster instead of Students' Book page 24, activity 1.

Key language
un film
un documentaire
un dessin animé
un feuilleton
un jeu
la météo
les infos
une émission sportive
une émission pour la jeunesse

Materials
• Students' Book page 24
• Encore Workbook 2, page 13
• OHTs 2A1, 2A2, 2B

AT 3.2 Pupils read the description of the programme (type and time). They then use the TV guide to work out the name of the programme.

Answers:
a Tout le sport
b Dumb and Dumber
c Melrose Place
d Des chiffres et des lettres
e Rintintin Junior

Feuille 11 Au cinéma
page 26

Objectives
• Name the different types of film

Suggested timing
Use this copymaster after types of film have been introduced.

Key language
un dessin animé
un film policier
un film d'épouvante
un film d'amour
un film de science-fiction
une comédie

Materials
• Students' Book page 26
• Encore Workbook 2, page 14
• OHTs 2A1, 2A2, 2B

1 Pupils match the pictures of films to the written French description.
Answers:
a un film de science-fiction, **b** un film d'amour, **c** un film d'épouvante, **d** une comédie, **e** un film policier, **f** un dessin animé

2 Pupils search the grid to find four types of TV programme and four types of film and then fill in the gaps underneath to complete the words.
Answers:

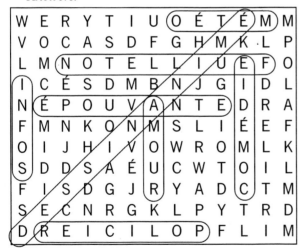

les infos   un film d'amour
un feuilleton   une comédie
un dessin animé   un film d'épouvante
la météo   un film policier

Follow-up activity. Pupils can do a film project (based on popular film review programmes on television) and present it on video. Pupils choose five different films and produce a poster to include what sort of film it is, who acts in the film, where the film is set and what they think of the film. They or the teacher can download pictures of current films from the Internet to illustrate their poster. This will then form the basis of their review which can be filmed and presented to the class as a TV programme.

Feuille 12 Checklist
page 29

Objectives
• Check what has been learnt in this unit

Suggested timing
Use this copymaster instead of the checklist on Students' Book page 29.

Materials
• Students' Book page 29
• Encore Workbook 2, pages 17–18
• OHTs 2A1, 2A2, 2B

Pupils complete the phrases with what they have learnt and then colour in the bubble writing to give them a visual marker as to how far they have come.

Feuille 13 *On sort*
page 34

Objectives
- Ask someone if they want to do something
- Accept invitations and arrange where to meet

Suggested timing
Use this copymaster after different places and activities have been introduced. This unit can be joined with Unit 8 of *Équipe 1* if there was not enough time to cover that unit in Year 7.

Key language
Tu veux aller …?
   au cinéma
   au parc
   à la plage
   à la patinoire
   à la piscine
   en ville
Tu veux …?
   faire du vélo
   faire du skate
   faire du patinage
   faire de la voile
   danser
   nager
On se retrouve à quelle heure?
On se retrouve où?
Devant le cinéma.

Materials
- Students' Book page 34
- Encore Workbook 2, page 20
- OHTs 3A1, 3A2

AT 4.2

1 Pupils match the pictures of places and activities to the French.

2 Pupils read the dialogue and write down the French phrases which match the English translations.
Answers:
  a Tu veux aller au cinéma?
  b On se retrouve à quelle heure?
  c On se retrouve où?
  d Devant le cinéma.

Follow-up activity. Pupils can make up dialogues of their own to perform in front of the class.

Feuille 14 *Tu veux aller …?*
page 35

Objectives
- Understand and record the main points of written texts

Suggested timing
Use this copymaster with Students' Book page 35, activity 4a.

Key language
Tu veux aller …?
   au cinéma
   au parc
   à la plage
   à la patinoire
   à la piscine
   en ville
Tu veux …?
   faire du vélo
   faire du skate
   faire du patinage
   faire de la voile
   danser
   nager
On se retrouve à quelle heure?
On se retrouve où?
Devant le cinéma.

Materials
- Students' Book page 35
- Encore Workbook 2, page 20
- OHTs 3A1, 3A2

AT 3.3

1 Pupils read the information and note the main details on the grid.
Answers:

	Activité	Heure	Où
a	café	4h	chez Yannick
b	piscine	7h30	à la piscine
c	cinéma	7h	chez Amélie
d	patinage	7h15	au café
e	en ville	9h45	devant la bibliothèque

2 Pupils answer questions in English based on the texts.
Answers:
  a Christelle
  b Lise
  c Jeanne
  d Alex

Feuille 15 Le week-end dernier
page 38

Objectives
*   Say what you did last weekend

Suggested timing
Use this copymaster after activities in the past have been introduced.

Key language
J'ai regardé la télévision/un film.
J'ai acheté un sweat.
J'ai retrouvé mes copains.
J'ai joué au foot.
J'ai écouté de la musique.
J'ai nagé à la piscine.
J'ai fait mes devoirs.
J'ai mangé un sandwich.
J'ai fait du vélo.

Materials
*   Students' Book page 38
*   Encore Workbook 2, page 22
*   OHTs 3B1, 3B2

 Pupils match the pictures to the sentences and write the correct English translation from the box beneath.
Answers:
1   j   I watched TV.
2   c   I watched a film.
3   h   I bought a sweatshirt.
4   e   I met my friends.
5   d   I played football.
6   g   I listened to music.
7   i   I went swimming.
8   f   I did my homework.
9   a   I ate a sandwich.
10 b   I rode my bike.

Follow-up activity. Pupils could make a board game with pictures of the different activities on several squares on the board. When they land on a picture square, they have to say the correct phrase before they can proceed.

An extra variation could be to provide the template of a board game in a snakes and ladders style or to include squares with instructions to move on a space, to miss a turn or to move back two places.

Feuille 16 Les puzzles
page 38

Objectives
*   Find weekend activities in a wordsearch grid
*   Follow patterns and sequences of words
*   Follow clues to solve a crossword

Suggested timing
Use the activities on this copymaster as starters for a lesson. They can be used as a warm-up for classes who find it difficult to settle.

Key language
J'ai regardé la télévision/un film.
J'ai acheté un sweat.
J'ai retrouvé mes copains.
J'ai joué au foot.
J'ai écouté de la musique.
J'ai nagé à la piscine.
J'ai fait mes devoirs.
J'ai mangé un sandwich.
J'ai fait du vélo.

Materials
*   Students' Book page 38
*   Encore Workbook 2, page 22
*   OHTs 3B1, 3B2

 1   Pupils find the French words in the grid.
Answers:

2   Pupils then use the words they found to fill in the gaps of the sentences underneath and match them to the English sentences.
Answers:

a J'ai joué au foot.   2 I played football.
b J'ai écouté de la musique.   4 I listened to music.
c J'ai fait du vélo.   5 I rode my bike.
d J'ai retrouvé mes copains.   1 I met my friends.
e J'ai regardé la télévision.   6 I watched television.

f J'ai acheté un tee-shirt.   **7** I bought a T-shirt.

g J'ai nagé à la piscine.   **3** I went swimming.

3 Pupils fill in the crossword according to the clues.

Answers:

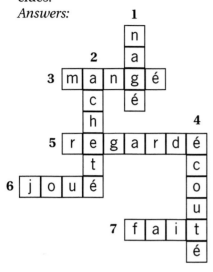

Feuille 17 Au café

page 40

Objectives

- Order food and drink in a café
- Understand what the waiter is saying
- Ask how much something costs and other relevant questions

Suggested timing

Use this copymaster after Students' Book page 40, activity 1a, the listening activity.

Key language

Bonjour.
Le menu, s'il vous plaît.
Vous désirez?
Je voudrais …
Ça fait combien?
Je peux avoir une serviette?
Où sont les toilettes?

Materials

- Students' Book page 40
- Encore Workbook 2, page 24

AT
2.3
3.3

Pupils read the role-play and fill in the gaps using the words in the box to help them.
Answers:

1 **Serveur:** Bonjour, madame.
  Cliente: <u>Bonjour</u>.
           Le <u>menu</u>, s'il vous plaît.
           …
  Serveur: Vous <u>désirez</u>?
  Cliente: Je <u>voudrais</u> des frites et un <u>Orangina</u>.
  Client: Je voudrais une <u>limonade</u>.
           …

Serveur: Voilà.
Cliente: Ça <u>fait</u> combien?
Serveur: Ça fait 9 euros.

2 **Serveur:** <u>Vous</u> désirez?
  Client: Je voudrais un <u>sandwich</u>, s'il vous plaît.
           …
  Serveur: Voilà.
  Client: Je peux <u>avoir</u> une serviette?
  Serveur: Oui, voilà.
           …
  Client: Où sont les <u>toilettes</u>?
  Serveur: Là-bas.

Follow-up activity. Pupils can make up their own role-plays or choose one of those on the worksheet to perform in front of the class. Café situations lend themselves very well to acting and using props. Such an emphasis on the performance also encourages pupils to learn their lines off by heart.

Feuille 18 Checklist

page 41

Objectives

- Check what has been learnt in this unit

Suggested timing

Use this copymaster instead of the checklist on Students' Book page 41.

Materials

- Students' Book page 41
- Encore Workbook 2, pages 25–26
- OHTs 3A1, 3A2, 3B1, 3B2

AT
4.2

Pupils complete the phrases with what they have learnt and then colour in the bubble writing to give them a visual marker as to how far they have come.

Révisions Unités 1-3

Feuille 19 Révisions Unités 1–3
page 44

Objectives
- Provide consolidation and further practice of language covered in the previous three units
- Help pupils prepare for the assessment for units 1–3

Suggested timing
Use this copymaster instead of Students' Book page 44, activity 1a, and with Students' Book page 44, activity 2a.

Materials
- Students' Book page 44
- CD track 5
- OHTs 3A1, 3A2

AT 3.3 1 Pupils read the extracts and answer the questions in English.
Answers:
a Nathalie **b** Martin and Antoine **c** Antoine **d** Nathalie and Karima

AT 1.3 2 Pupils listen to the recording and note the type of film, what time it is on and where they will meet.

Answers:

	Quel film?	Heure?	On se retrouve où?
1	film romantique	7h30	chez moi
2	film policier	7h25	cinéma
3	film d'épouvante	19h40	café
4	film de science-fiction	7h15	cinéma

Transcript
1 – Tu veux aller au cinéma ce soir?
   – Oui, c'est quel film?
   – C'est un film romantique.
   – Ça commence à quelle heure?
   – À sept heures trente.
   – Et on se retrouve où?
   – Chez moi?
   – D'accord.

2 – Salut! Dis, tu aimes les films policiers?
   – Les films policiers? Oui, j'adore ça!
   – Alors, on va au cinéma ce soir?
   – D'accord. Le film commence à quelle heure?
   – À sept heures vingt-cinq.
   – On se retrouve au cinéma?
   – Bonne idée!

3 – Tu veux aller au cinéma ce soir?
   – C'est quel film?
   – C'est un film d'épouvante.
   – Super! J'aime bien les films d'épouvante! Le film commence à quelle heure?
   – À dix-neuf heures quarante.
   – Et on se retrouve où?

   – On se retrouve au café?
   – Bonne idée.

4 – Il y a un bon film de science-fiction ce soir.
   – Super! J'aime les films de science-fiction.
   – Le film commence à sept heures et quart.
   – À sept heures et quart? D'accord.
   – On se retrouve où?
   – Au cinéma?
   – D'accord.

Feuille 20 Révisions Unités 1–3
page 45

Objectives
- Provide consolidation and further practice of language covered in the previous three units
- Help pupils prepare for the assessment for units 1–3

Suggested timing
Use this copymaster instead of Students' Book page 45, activity 4.

Materials
- Students' Book page 45

AT 4.2 1 Pupils fill in the gaps in the text using the words in the box underneath.
Pupils can use their phrase sheets (*Feuille 15*) to help them.
Answers:
Quelle journée! Le matin, j'ai <u>retrouvé</u> des copains en ville et on a <u>fait</u> du shopping. Moi, j'ai <u>acheté</u> un sweat bleu et des baskets. L'après-midi, j'ai <u>joué</u> au football, j'ai <u>écouté</u> de la musique et j'ai <u>nagé</u>. Le soir, j'ai <u>vu</u> un film de science-fiction au cinéma. Super!

AT 3.3 2 Pupils put the pictures in the order that they appear in the text. The letters should then spell out a boy's name.
Answer:
A n t o i n e

Feuille 21 Écoute

Objectives

- Assess pupils' progress and learning from the first three units

Suggested timing

Use this copymaster instead of *Contrôle Unités 1–3, Feuille 127*.

Materials

- Feuille 45
- CD tracks 6–8

1 Pupils tick the items of clothing to show what each person is wearing.
   Answers:

   Camille ✔ (**Example:** jeans), T-shirt, boots
   Benjamin ✔ trousers, sweatshirt, trainers
   Claire ✔ skirt, shirt, sweatshirt, boots
   Julie ✔ trousers, T-shirt, trainers
   Mark scheme: 1/2 point for each correct item of clothing. (Total: 6)

> **Transcript**
> 1 – Tu vas à la boum samedi soir, Camille?
>   – Oui, bien sûr!
>   – Qu'est-ce que tu mets pour la boum?
>   – Je mets mon jean et un tee-shirt avec des bottes.
>
> 2 – Tu vas aussi à la boum samedi soir, Benjamin?
>   – Ben oui!
>   – Qu'est-ce que tu mets pour la boum?
>   – Je mets mon pantalon, un sweat, et des baskets.
>
> 3 – Claire, qu'est-ce que tu mets pour la boum samedi soir?
>   – Pour la boum? … euh … ma jupe noire, une chemise, un sweat et des bottes.
>
> 4 – Et toi, Julie? Tu vas à la boum chez Laurence samedi soir?
>   – Oui, j'adore les boums!
>   – Qu'est-ce que tu mets?
>   – Je mets mon pantalon, un tee-shirt et des baskets.

2 Pupils listen to the recording and decide whether the events took place on Saturday (**s**) or on Sunday (**d**).
   Answers:
   s (**Example:** football), swimming, meeting friends, buying a T-shirt, going to the cinema
   d TV, cycling, listening to music
   Mark scheme: 1 point for each correct answer. (Total: 7)

> **Transcript**
> – Qu'est-ce que tu as fait le week-end dernier?
> – Samedi matin, j'ai joué au foot et j'ai nagé à la piscine.
> – Et samedi après-midi?
> – Samedi après-midi, j'ai rétrouvé mes copains et j'ai acheté un tee-shirt.
> – Et qu'est-ce que tu as fait samedi soir?
> – J'ai regardé un super film au cinéma.
> – Et dimanche? Qu'est-ce que tu as fait dimanche?
> – Dimanche, j'ai regardé la télévision et j'ai fait du vélo dans le parc.
> – Et dimanche soir?
> – Dimanche soir, j'ai écouté de la musique.

3 Pupils listen to the recording and tick their favourite programme and at what time they watch it.
   Answers:
   1 (**Example:** ✔ cartoon   9h05)
   2 ✔ game show   12h15
   3 ✔ sports programme   20h35
   Mark scheme: 1 point for each correct answer. (Total: 4)

> **Transcript**
> 1 – Quelle est ton émission préférée aujourd'hui?
>   – Mon émission préférée s'appelle *Jeanne et Serge*. C'est un dessin animé.
>   – C'est à quelle heure?
>   – À neuf heures cinq.
>
> 2 – Et toi, quelle est ton émission préférée?
>   – *Le juste prix*. C'est un jeu.
>   – Un jeu? C'est à quelle heure?
>   – À douze heures quinze.
>
> 3 – Tu as une émission préférée?
>   – Oui, j'aime bien *Tout le sport*.
>   – *Tout le sport*? C'est à quelle heure?
>   – C'est à vingt heures trente-cinq ce soir.

Total for Listening assessment: 17 points

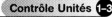

Feuille 22 Parle

Objectives
• Assess pupils' progress and learning from the first three units

Suggested timing
Use this copymaster instead of *Contrôle Unités 1–3, Feuille 128.*

Materials
• Feuille 22

1 Pupils take it in turns to ask their partner to do an activity. Visual clues are given for the questions. Marks are awarded for the questions only.
Mark scheme: 2 points for each of three fully correct questions. Award only 1 point for a question which is communicated but not entirely accurate. Award an extra 2 points overall for good pronunciation. (Total: 8)

2 Pupils take it in turns to ask each other what they wear to parties and what sort of 'look' they like. Marks are awarded for answers only.
Mark scheme: 2 points for at least two items of clothing, and 2 points for a fully correct answer to each question. Award only 1 point when the information has been communicated but not with absolute accuracy. Award an extra 2 points overall for good pronunciation. (Total: 8)

Total for Speaking assessment: 16 points

Feuille 23 Lis

Objectives
• Assess pupils' progress and learning from the first three units

Suggested timing
Use this copymaster instead of *Contrôle Unités 1–3, Feuille 129.*

Materials
• Feuille 23

1 Pupils read the letter and tick the five things that are mentioned.
Mark scheme: 1 point for each correct answer. (Total: 5)
Answers:
Pupils should tick: **a**, **b**, **d**, **e**, **g**.

2 Pupils read the letter again and complete the sentences using the words in the letter.
Mark scheme: 1 point for each correct answer. (Total: 5)
Answers:
a Thomas va à une <u>boum</u> au club des jeunes.
b Thomas met un jean, un <u>tee-shirt</u> et une veste.
c Le week-end dernier, il a regardé un <u>film</u> d'épouvante.

d Il aime regarder les <u>dessins animés</u>, mais il n'aime pas les <u>documentaires</u>.

3 Pupils circle the right word in the sentence to accurately describe Thomas' actions.
Mark scheme: 1 point for each correct anwer. (Total: 5)
Answers:
1 At the party in the youth club, Thomas will <u>eat pizza</u>.
2 Last weekend he bought <u>some trainers</u>.
3 On Saturday evening he watched <u>a horror film</u>.
4 Thomas likes watching <u>cartoons</u>.
5 He doesn't like watching <u>documentaries</u>.

Total for Reading assessment: 15 points

Feuille 24 Écris

Objectives
• Assess pupils progress and learning from the first three units

Suggested timing
Use this copymaster instead of *Contrôle Unités 1–3, Feuille 130.*

Materials
• Feuille 24

1 Pupils complete the sentence with five items of clothing.
Mark scheme: 1 point for each appropriate item of clothing. Award the point even if the spelling is approximate. (Total: 5)

2 Pupils write sentences to describe three of the six possible activities.
Mark scheme: 2 points for each fully correct activity. 1 point if there is one grammar error. Do not award extra marks if pupils write more than three sentences. (Total: 6)

3 Pupils follow the model provided to write their own individual party invitation.
Mark scheme: 2 points each for activity, time and meeting place. (Total: 6)

Total for Writing assessment: 17 points

Total for all four assessments: 65 points

Feuille 25 Ma journée
page 48

Objectives
• Describe your morning routine

Suggested timing
Use this copymaster after the phrases for morning routine have been introduced.

Key language
Je me réveille.
Je me lève.
Je me lave.
Je m'habille.
Je prends le petit déjeuner.
Je me brosse les dents.

Materials
• Students' Book page 48
• Encore Workbook 2, page 28
• OHTs 4A1, 4A2

1 Pupils write the English translation for the French phrases in the space provided.

2 Pupils complete the wordsearch and then fill in the gaps in the sentences underneath using the words they have just found.
Answers:

Follow-up activity. Provide a template of a clock made out of card. Pupils cut out the clock and attach hands. They then write on the times.

For the different times of the day they can draw a picture and write a sentence for what they do at that time.

Feuille 26 Bonjour le soleil
page 50

Objectives
• Practise language learnt in a different and fun context

Suggested timing
Use this copymaster with the song on Students' Book page 50.

Key language
On s'amuse.	*On se réveille.*
On s'ennuie.	*Je me couche.*
Tu te lèves.	*Je me lève.*
Je m'endors.	*Je m'habille.*

Materials
• Students' Book page 50
• CD track 9
• Encore Workbook 2, page 30
• OHTs 4A1, 4A2

AT 1.3

1 Pupils listen to the song and write the number of the appropriate phrase from the box.
Answers:
Order: **6/10**, **7/9**, **6/10**, **7/9**, **1**, **8**, **2**, **4**, **5**, **3**

2 Pupils fill in the gaps using the words given in the box.
Answers:
(See **bold** words in the transcript.)

> **Transcript**
> *Refrain:*
> Tu **te lèves** le matin
> Et le monde **se réveille**
> Et tu brilles
> Et la vie
> Est plus belle.
> Bonjour, bonjour le soleil,
> Tu **te lèves** et le monde **se réveille**.
>
> Au soleil, sous la pluie,
> On **s'amuse**, on **s'ennuie**.
> À midi, à minuit,
> C'est normal, c'est la vie.
>
> [Refrain]
>
> Je **me lève**, je **m'habille**,
> Au collège, c'est lundi.
> Vivement samedi!
> C'est normal, c'est la vie.
>
> [Refrain]
>
> Je **me couche** chaque soir,
> Je **m'endors**, tôt ou tard,
> Doucement, sans cauchemars,
> C'est normal, c'est comme ça.
>
> [Refrain]

Feuille 27 Le ménage (1)
page 52

Objectives
- Say what you do to help at home
- Say what you did last weekend to help at home

Suggested timing
Use this copymaster as a vocabulary sheet after the language for household chores has been introduced.

Key language
Pour aider à la maison, on peut …
ranger sa chambre
faire la cuisine
faire le ménage
faire les courses
faire la vaisselle
faire son lit
mettre le couvert
Je fais mon lit.
Je mets le couvert.
Je range ma chambre.
J'ai fait les courses.
J'ai mis le couvert.
J'ai rangé ma chambre.

Materials
- Students' Book page 50
- Encore Workbook 2, page 31
- OHTs 4B1, 4B2

 AT 4.2

1 Pupils match the activities to the correct pictures.
Answers:
a 3, **b** 6, **c** 1, **d** 7, **e** 2, **f** 5, **g** 4

2 They then write in the correct English translation for the French phrases.
Answers:
a 3, **b** 2, **c** 5, **d** 1, **e** 4, **f** 6

Feuille 28 Le ménage (2)
page 52

Objectives
- Understand what others say they do around the home

Suggested timing
Use this copymaster instead of Students' Book page 52, activity 2.

Key language
J'ai fait mon lit.
J'ai fait les courses.
J'ai mis le couvert.
J'ai rangé ma chambre.
J'ai fait la cuisine.
J'ai fait le ménage.
J'ai fait la vaisselle.

Materials
- Students' Book page 52
- CD track 10
- Encore Workbook 2, page 31
- OHTs 4B1, 4B2

 AT 1.3

1 Pupils listen to the recording and fill in the rota with what each person had to do. Before they listen to the recording, make sure they know that the people are talking about what they did last week, i.e. in the past.
Answers:

	Julie	David	Charline
lundi	b	d	g
mardi	c	a	f
mercredi	d	c	b
jeudi	a	b	d
vendredi	f	g	a

Transcript
- Julie, qu'est-ce que tu as fait à la maison cette semaine?
- Alors, lundi, j'ai fait la cuisine.
- Et mardi?
- Mardi, j'ai fait le ménage …
- Et mercredi?
- Mercredi, j'ai fait les courses. Et puis, jeudi, j'ai rangé ma chambre.
- Très bien!
- Et vendredi, j'ai mis le couvert … pour le dîner.

- David, qu'est-ce que tu as fait à la maison cette semaine?
- Euh moi, lundi, j'ai fait les courses en ville.
- Et mardi?
- Mardi, j'ai rangé ma chambre.
- Et mercredi?
- Mercredi, euh, mercredi … ah oui, j'ai fait le ménage.
- D'accord …
- Jeudi, j'ai fait la cuisine … J'ai fait des spaghetti. Et vendredi, j'ai fait la vaisselle. Voilà!

> – Charline, qu'est-ce que tu as fait à la maison cette semaine?
> – Lundi, j'ai fait la vaisselle. Je déteste faire la vaisselle!
> – Et mardi?
> – Mardi, j'ai mis le couvert, et mercredi, j'ai fait la cuisine.
> – Très bien. Et jeudi? Qu'est-ce que tu as fait jeudi?
> – Jeudi, j'ai fait les courses.
> – Aha.
> – Et vendredi, j'ai rangé ma chambre. Et voilà, c'est tout!

2 Pupils complete the crossword.
Answers:

		¹v							³c
	²c	h	a	m	b	r	e		c
	o		i						o
⁴c	u	i	s	i	n	e			u
	r		s			⁵r			v
	s		e	⁶m	é	n	a	g	e
	e		l	e		n			r
	s	⁷l	i	t		g			t
		e		s		e			

Follow-up activity. Prepare a template for a house divided into four different rooms – kitchen, bedroom, dining room, bathroom – and an overlay for the house with 'windows' marked to be cut around. Pupils label the 'windows' with the correct name of the room and cut around them so they open.

Then, in each room of the house, pupils write what they have done to help, e.g. *J'ai rangé ma chambre.* They draw a picture to illustrate this. The overlay is glued over the top of the house. This can then be used for pairwork as follows:

Partner A asks:
Qu'est-ce que tu as fait dans la cuisine?

Partner B opens the relevant window to reveal what they have done and describes the action:
J'ai fait la cuisine.

Alternatively, use the same activity to practise the present tense of the same verbs.

Feuille 29 Ma routine
page 54

Objectives
- Write a longer passage describing your daily routine, how you help at home and what you did last weekend to help at home

Suggested timing
Use this copymaster instead of Students' Book page 54, activity 1.

Key language
Je me réveille.
Je me lève.
Je me lave.
Je m'habille.
Je prends le petit déjeuner.
Je me brosse les dents.
Je fais mon lit.
Je range ma chambre.
Je fais les courses.
Je fais la vaisselle.
Je fais la cuisine.
Je fais le ménage.
Je mets le couvert.

J'ai fait mon lit.
J'ai fait les courses.
J'ai mis le couvert.
J'ai rangé ma chambre.
J'ai fait la cuisine.
J'ai fait le ménage.
J'ai fait la vaisselle.

Materials
- Students' Book page 54
- Encore Workbook 2, page 32
- OHTs 4A1, 4A2, 4B1, 4B2

 Pupils use the writing frames to describe their morning routine, say how they help at home and how they helped at home last weekend.

Feuille 30 Checklist
page 55

Objectives
- Check what has been learnt in this unit

Suggested timing
Use this copymaster instead of the checklist on Students' Book page 55.

Materials
- Students' Book page 55
- Encore Workbook 2, pages 33–34
- OHTs 4A1, 4A2, 4B1, 4B2

 Pupils complete the phrases with what they have learnt and then colour in the bubble writing to give them a visual marker as to how far they have come.

Feuille 31 Les moyens de transport

page 72

Objectives
- Identify different modes of transport

Suggested timing
Use this copymaster as a vocabulary sheet after modes of transport have been introduced.

Key language
Je prends …
Je vais …
le train; en train
l'aéroglisseur; en aéroglisseur
le bateau; en bateau
le car; en car
le vélo; à vélo
la voiture; en voiture
le bus; en bus
la mobylette; à mobylette
l'avion; en avion
le métro; en métro
à pied

Materials
- Students' Book page 72
- Encore Workbook 2, page 44

 Pupils complete the French phrases to describe the different modes of transport using the words provided.

Feuille 32 Comment est-ce que tu vas à l'école?

page 73

Objectives
- Say how different people travel to school

Suggested timing
Use this copymaster instead of Students' Book page 73, activity 3.

Key language
Je prends …
Je vais …
le train; en train
l'aéroglisseur; en aéroglisseur
le bateau; en bateau
le car; en car
le vélo; à vélo
la voiture; en voiture
le bus; en bus
la mobylette; à mobylette
l'avion; en avion
le métro; en métro
à pied

Materials
- Students' Book page 73
- CD track 11
- Encore Workbook 2, page 44

AT 1.2 1 Pupils listen to the recording and fill in the graph with the number of people using the different types of transport.
Answers:
car 102, voiture 93, bus 75, vélo 71, pied 41, mobylette 18

> **Transcript**
> – Voici les résultats d'un sondage sur les jeunes et les transports. Nous avons demandé aux élèves d'un collège de notre ville: 'Comment est-ce que vous allez à l'école?'
> – Sur un total de 400 élèves, 102 vont à l'école en car. Oui, 102 en car.
> – 93 vont à l'école en voiture. Oui, 93.
> – 75 vont à l'école en bus – 75.
> – 71 vont à l'école à vélo – 71.
> – 41 vont à l'école à pied. Oui, 41.
> – 18 vont à l'école à mobylette. Seulement 18 à mobylette.

2 Pupils complete the crossword by looking at the letters given and working out which mode of transport goes where. Some students may need the extra support of having some or all of the pictures numbered as follows: **1** bus, **2** hovercraft, **3** ferry, **4** bike, **5** métro, **6** scooter, **7** aeroplane, **8** bus, **9** car, **10** foot, **11** train).
Answers:
(See next page.)

The crossword grid (across and down answers):

1. CAR
CÉ R
6. MOBYLETTE
9. VOITURE
11. TRAIN

(with down words: CÉRMOGLISSEUR, VÉLO, MÉTRO, BATEAU, AVION, BUS, PIED)

Follow-up activity. Pupils can carry out their own survey of the class and draw a graph to compare the results.

Feuille 33 J'ai pris le bateau
page 74

Objectives
• Say where you went on holiday, when you left, how long you stayed and how you travelled

Suggested timing
Use this copymaster after the holiday phrases have been introduced.

Key language
Tu as voyagé comment?
    J'ai pris le bateau.
Tu es allé(e) où?
    Je suis allé(e) en France.
Tu es parti(e) quand?
    Je suis parti(e) le 20 juillet.
Tu es resté(e) combien de temps?
    Je suis resté(e) une semaine.

Materials
• Students' Book page 74
• Encore Workbook 2, page 45
• OHTs 6A1, 6A2, 6A3, 6B

AT 4.2

1 Pupils match the French expressions with the English ones provided.
Answers:
  a I took the boat.
  b I went to France.
  c I left on the 20th July.
  d I stayed a week.

2 Pupils unjumble the words to write the correct sentences.
Answers:

Jean	Je suis allé au Portugal.
Audrey	Je suis restée deux semaines.
Sandrine	J'ai pris la voiture.
Laura	Je suis partie le 14 septembre.
Martin	Je suis resté un mois.
Sébastien	Je suis parti le 10 janvier.

Feuille 34 C'était vraiment super
page 76

Objectives

*   Say what you did while on holiday, where you stayed and what the holiday was like

Suggested timing

Use this copymaster after the different vocabulary items have been introduced and instead of Students' Book page 76, activity 1.

Key language

On est allés/Je suis allé(e) en ville, au musée, à la piscine, à la plage, au cinéma.
On a/J'ai regardé un film.
On a/J'ai mangé une glace.
On a/J'ai acheté des souvenirs et des cadeaux.
On a/J'ai fait une promenade en mer, du vélo, des excursions, du sport.
On est restés/Je suis resté(e) dans un camp de vacances/à la maison.
On a/J'ai visité la région, les châteaux.
On a/J'ai joué au foot.
C'était (vraiment) super, sympa, génial.
C'était nul, moche.
J'ai détesté ça!

Materials

*   Students' Book page 76
*   Encore Workbook 2, page 47
*   OHTs 6A1, 6A2, 6A3, 6B

AT
3.3–4

1 Pupils skim read the texts and underline three towns they went to, two dates and four modes of transport.
Answers:

Emmanuelle, 14 ans
Je suis allée aux États-Unis avec mes parents. On est partis <u>le 3 août</u>. On a pris <u>l'avion</u> pour <u>New York</u>. D'abord, on est restés quatre jours à New York. C'était vraiment moche! Après, on est allés à <u>Miami</u> <u>en voiture</u>. On est restés une semaine. On a visité la région et on est allés à la plage. Là, c'était génial!

Élodie, 15 ans
Je suis allée dans un camp de vacances à <u>Marseille</u>. J'ai pris <u>le car</u> <u>le 2 juillet</u>. D'abord, on a fait des excursions, on a visité des châteaux et des musées. Ça, c'était vraiment super. Après, on a fait du sport et moi, je déteste ça! C'était vraiment nul!

Corentin, 15 ans
Je suis resté à la maison. D'abord, j'ai regardé la télé. C'était vraiment nul! Après, j'ai retrouvé des copains. On a fait du <u>vélo</u>, on a joué au foot, on est allés au cinéma. Ça, c'était vraiment sympa!

2 For each person, pupils tick the pictures which are relevant.
Answers:
Emmanuelle ✔ New York, beach, happy face, sad face
Élodie ✔ castle, museum, trips, holiday camp, sport, happy face, sad face
Corentin ✔ TV, meeting friends, cycling, football, cinema, happy face, sad face

3 Using the texts, pupils find and write down the positive and negative opinions.
Answers:
Positive: génial, super, sympa
Negative: moche, nul

Follow-up activity. Pupils can now do a project on travel. Possible title: *Un voyage autour du monde.*

Pupils work in groups to produce a display of an imaginary journey they have done around the world. They must choose five places, say how they got there, how long they stayed, where they stayed and what they did.

Feuille 35 Voyage aux Antilles
page 79

Objectives
- Practise what they have learnt in a different and fun context

Suggested timing
Use this copymaster with the song on Students' Book page 79.

Key language
Je suis allé(e) en ville, au musée, à la piscine, à la plage, au cinéma.
J'ai pris l'avion.
J'ai mangé …
J'ai dansé …
J'ai acheté des souvenirs et des cadeaux.
Je suis arrivé(e) …
Je suis resté(e) (une semaine).
Je suis parti(e) …
J'ai campé …
J'ai visité la région, les châteaux.

Materials
- Students' Book page 79
- CD track 12

1 Pupils can read and listen to the song and put the pictures in the order that they hear them.
Answers:

1	2	3	4	5	6	7
e	a	f	c	g	b	d

2 Pupils listen to the song again and fill in the missing words for the chorus.
Answers: (See transcript.)

Transcript
Refrain:

> Je suis **allée** aux Antilles
> **Chapeau** de paille et espadrilles
> Je suis **allée** aux Antilles
> Couleur **café**, parfum **vanille**.

> Je suis partie en juillet
> J'ai acheté mon billet
> Un billet aller-retour
> Je suis restée quinze jours.

[Refrain]

> J'ai pris l'avion à Marseille
> Ciel tout gris, pas de soleil
> Je suis arrivée aux Antilles
> Là, toujours le soleil brille.

[Refrain]

> Je suis montée en montagne
> J'ai campé à la campagne
> J'ai mangé du choucoco
> J'ai dansé la calypso.

[Refrain]

Feuille 36 Checklist
page 79

Objectives
- Check what has been learnt in this unit

Suggested timing
Use this copymaster instead of the checklist on Students' Book page 79.

Materials
- Students' Book page 79
- Encore Workbook 2, pages 49–50
- OHTs 6A1, 6A2, 6A3, 6B

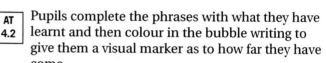

Pupils complete the phrases with what they have learnt and then colour in the bubble writing to give them a visual marker as to how far they have come.

Feuille 37 Révisions Unités 4–6
page 82

Objectives
- Provide consolidation and further practice of language covered in the previous three units
- Help pupils prepare for the assessment for units 4–6

Suggested timing
Use this copymaster instead of Students' Book page 82, activity 1a.

Key language
Je me réveille.
Je me lève et je m'habille.
Je prends le petit déjeuner.
Je me brosse les dents.
Je vais à l'école.
Je suis allé(e) …
Je suis resté(e) (une semaine).
Je suis parti(e) …
J'ai pris …
C'était super/sympa.

Materials
- Students' Book page 82

AT 3.2
1 Pupils read the diary entries and put the pictures in the right order.
Answers:
1 c, **2** e, **3** d, **4** a, **5** f, **6** b

AT 4.2
2 Pupils fill in the gaps in the text using the words in the box to help them.
Answers:
Je suis **allée** au Portugal et en Espagne. Je suis **restée** une semaine au Portugal et **quinze** jours en Espagne. C'était **super**! J'ai pris l'**avion**. C'était **vraiment** sympa.

Feuille 38 Révisions Unités 4–6
page 83

Objectives
- Provide consolidation and further practice of language covered in the previous three units
- Help pupils prepare for the assessment for units 4–6

Suggested timing
Use this copymaster instead of Students' Book page 83, activities 3 and 4.

Key language
Je suis allé(e) …
Je suis resté(e) (une semaine).
Je suis parti(e) …
J'ai pris …
C'était super/sympa.
Je fais mon lit.
Je range ma chambre.
Je fais les courses.
Je fais la vaisselle.
Je fais la cuisine.
Je fais le ménage.
Je mets le couvert.

Materials
- Students' Book page 83
- CD track 13

AT 3.4
1 Pupils read the text and fill in the gaps using the correct part of the verb.
Answers:
Je suis **partie** … Je suis **allée** … Je suis **restée** … je suis **allée** … J'ai **pris** … Je suis **restée** …

AT 1.2
2 Pupils listen to the recording and fill in the rota as to who is doing which chore.
Answers:

	Claire	Martial	Mme Tondini	M. Tondini
la cuisine		✔		
la vaisselle				✔
les courses	✔			
le ménage			✔	

Transcript
- Alors toi, Claire, tu fais la cuisine cette semaine?
- Non, non, non! Martial fait la cuisine. Moi, je fais les courses.
- D'accord. Alors Martial fait la cuisine et toi, Claire, tu fais les courses.
- Et toi, papa, qu'est-ce que tu fais?
- Moi? Je fais la vaisselle. J'aime bien ça!
- Vraiment? Moi, je déteste ça! Et maman? Qu'est-ce qu'elle fait?
- Ta mère fait le ménage!
- D'accord. Alors papa, tu fais la vaisselle et maman fait le ménage. Bon!

Feuille 39 Écoute

Objectives
- Assess pupils' progress and learning from units 4 and 6

Suggested timing
Use this copymaster instead of *Contrôle Unités 4–6, Feuille 131.*

Materials
- Feuille 39
- CD tracks 14–16

AT 1.2–3

1 Pupils match the mode of transport to where each person goes.
   Answers:
   1 f, **2** a, **3** d, **4** c, **5** b, **6** e
   Mark scheme: 1 point for each correct answer. (Total: 6)

> **Transcript**
> **Exemple:** Je vais à l'école en bus.
>
> **1** Je vais à l'école à pied.
>
> **2** Je vais à la piscine en bus.
>
> **3** Moi, je vais au club des jeunes à mobylette.
>
> **4** Je vais au supermarché en voiture.
>
> **5** Je vais à la plage à vélo.
>
> **6** Je vais au centre-ville en métro.

2 Pupils listen to Mélanie and put the activities in the order that she does them.
   Answers:
   1 (a), **2** c, **3** b, **4** f, **5** d, **6** e
   Mark scheme: 1 point for each correct answer. (Total: 5)

> **Transcript**
> Salut, je m'appelle Mélanie. Normalement, je me réveille à 7 heures et puis je me lève à 7 heures 10. Je me lave et je m'habille à 7 heures 15. À 7 heures 20, je prends le petit déjeuner. Je mange un croissant et je bois du thé. Et pour finir, je me brosse les dents.

3 Pupils listen to the recording and tick the household chores each person does.

   Answers:
   Élodie   ✔ tidy room, lay table
   Maxime   ✔ do cooking, go shopping
   Julien   ✔ make bed, do washing up
   Sarah   ✔ do cooking, tidy room
   Mark scheme: 1 point for each correct chore. (Total: 8)

> **Transcript**
> **1** – Est-ce que tu aides à la maison, Élodie?
>   – Oui, je range ma chambre et je mets le couvert.
>
> **2** – Et toi, Maxime. Qu'est-ce que tu fais?
>   – Je fais la cuisine pour ma mère et parfois, je fais les courses.
>
> **3** – Salut, Julien. Qu'est-ce que tu fais pour aider à la maison?
>   – Je fais mon lit et le week-end, je fais la vaisselle.
>
> **4** – Bonjour, Sarah. Est-ce que tu aides à la maison aussi?
>   – Oui, je fais la cuisine pour ma mère et je range ma chambre tous les samedis.

Total for Listening assessment: 19 points

Feuille 40 Parle

Objectives
- Assess pupils' progress and learning from units 4 and 6

Suggested timing
Use this copymaster instead of *Contrôle Unités 4–6, Feuille 132.*

Materials
- Feuille 40

AT 2.2–3

1 Pupils look at the grid and tell their partner what chore they do. Their partner guesses who they are.
   Mark scheme: 1 point for each correct answer. (Total: 7)

2 Pupils tell their partner what time they do each activity. Their partner writes down the time they hear on the clocks.
   Mark scheme: $1/_2$ point for each correct question and answer. (Total: 6)

3 Pupils complete the answers first and then answer their partner's questions, using their written answers as a prompt.
   Mark scheme: 1 point for each correct answer and 1 point for good pronunciation. (Total: 6)

Total for Speaking assessment: 19 points

Feuille 41 Lis

Objectives
- Assess pupils' progress and learning from units 4 and 6

Suggested timing
Use this copymaster instead of *Contrôle Unités 4–6, Feuille 133.*

Materials
- Feuille 41

1. Pupils match the speech bubble to the pictures.
   Answers:
   1 d, **2** e, **3** b, **4** a, **5** c
   Mark scheme: 2 points for each correct answer. (Total: 10)

2. Pupils read Luc's letter and answer the true/false questions.
   Answers:
   1 false, **2** false, **3** true, **4** false, **5** false, **6** true, **7** false
   Mark scheme: 1 point for each correct answer. (Total: 7)

Total for Reading assessment: 17 points

Feuille 42 Écris

Objectives
- Assess pupils' progress and learning from units 4 and 6

Suggested timing
Use this copymaster instead of *Contrôle Unités 4–6, Feuille 134.*

Materials
- Feuille 42

1. Pupils fill in the speech bubbles with the correct expression in the perfect tense.
   Answers:
   1 Moi, j'ai fait la cuisine.
   2 Moi, j'ai rangé ma chambre.
   3 Moi, j'ai fait la vaisselle.
   4 Moi, j'ai mis le couvert.
   5 Moi, j'ai fait les courses.
   6 Moi, j'ai fait le lit.
   Mark scheme: 2 points for each correct answer, 1 point for an answer with one error. (Total: 12)

2. Pupils read the adventures of the explorer and then use the text to write an account of their own.
   Mark scheme: 1 point for each correct sentence. (Total: 5)

Total for Writing assessment: 17 points

Total for all four assessments: 72 points

Feuille 43 L'argent de poche
page 86

Objectives
* Ask if someone gets pocket money and what they do with it
* Say how much pocket money you get and what you do with it

Suggested timing
Use this copymaster as a vocabulary sheet after the relevant vocabulary for pocket money has been introduced.

Key language
Tu as combien d'argent de poche?
J'ai 60 euros/livres par semaine/par mois.
Je n'ai pas d'argent de poche.
Qu'est-ce que tu fais avec ton argent?
J'achète …
Je mets de l'argent de côté pour acheter …
   un blouson (en jean)
   un ordinateur
   un vélo
   une guitare
   une mobylette
   du chewing-gum
   des baskets
   des boissons
   des cadeaux
   des cassettes
   des livres
   des magazines
   des vêtements
Je sors avec mes copains.
Je vais au cinéma.

Materials
* Students' Book page 86
* Encore Workbook 2, page 52
* OHTs 7A1, 7A2

AT 4.2

1 Pupils write the English translations for the French phrases using the expressions in the box to help them.
Answers:
1 How much pocket money do you get?
2 I have 60 euros/pounds per week/month.
3 I don't have pocket money.
4 What do you do with your money?
5 I buy …
6 I save money to buy …

2 Pupils match the French items to the pictures.
Answers:
1 o, **2** i, **3** a, **4** c, **5** b, **6** e, **7** h, **8** j, **9** k, **10** m, **11** f, **12** d, **13** n, **14** l, **15** g

Feuille 44 Tu as combien d'argent de poche?
page 86

Objectives
* Identify the main points of a reading text on pocket money

Suggested timing
Use this copymaster before Students' Book page 86, activity 1a.

Key language
Tu as combien d'argent de poche?
J'ai 60 euros/livres par semaine/par mois.
Je n'ai pas d'argent de poche.
Qu'est-ce que tu fais avec ton argent?
J'achète …
Je mets de l'argent de côté pour acheter …
   un blouson (en jean)
   un ordinateur
   un vélo
   une guitare
   une mobylette
   du chewing-gum
   des baskets
   des boissons
   des cadeaux
   des cassettes
   des livres
   des magazines
   des vêtements
Je sors avec mes copains.
Je vais au cinéma.

Materials
* Students' Book page 86
* Encore Workbook 2, page 52
* OHTs 7A1, 7A2

AT 3.2

1 Pupils read the texts and then choose the correct English translation for the words underneath.
Answers:
(pupils should circle the underlined words)
a l'argent   <u>money</u> / guitar
b des boissons   <u>drinks</u> / a computer
c des vêtements   a bike / <u>clothes</u>
d par semaine   a dog / <u>per week</u>
e mes copains   my CDs / <u>my friends</u>
f un jeu vidéo   <u>a video game</u> / tennis
g vingt   <u>twenty</u> / five
h des baskets   hamsters / <u>trainers</u>
i l'argent de poche   <u>pocket money</u> / train
j un ordinateur   an aeroplane / <u>a computer</u>

2 Pupils write the names of the people who buy or are saving for each item.
Answers:
a Anna, **b** Mélanie and Sophie,
c Anna, **d** Tom, **e** Sophie

Follow-up activity. Pupils could do a class survey of who gets what and what they buy with their money.

To keep movement around the classroom to a minimum, divide the class into groups. Pupils just ask the members of their own group.

Alternatively, divide the class into pairs, A and B. Pupils ask each other the questions and when you say *Continuez,* the 'B' pupils get up and move on to the next 'A' pupil.

Feuille 45 Budget loisirs
page 87

Objectives
- Identify the main points of a spoken text

Suggested timing
Use this copymaster instead of Students' Book page 87, activity 4.

Key language
Tu as combien d'argent de poche?
J'ai 60 euros/livres par semaine/par mois.
Je n'ai pas d'argent de poche.
Qu'est-ce que tu fais avec ton argent?
J'achète …
Je mets de l'argent de côté pour acheter …
    un blouson (en jean)
    un ordinateur
    un vélo
    une guitare
    une mobylette
    du chewing-gum
    des baskets
    des boissons
    des cadeaux
    des cassettes
    des livres
    des magazines
    des vêtements
Je sors avec mes copains.
Je vais au cinéma.

Materials
- Students' Book page 87
- CD track 17
- Encore Workbook 2, page 52
- OHTs 7A1, 7A2

AT 1.3

1 Pupils listen to the recording and note down the main points. Play the recording three times and the pupils can fill in one column at a time.
Answers:

	How much?	Spend money on …?	Save for …?
1	12 € par semaine	chewing-gum, magazine	vélo
2	25 € par mois	cinéma, des livres	vêtements
3	30 € par mois	sors avec des copains, livres, CD	rien
4	15 € par semaine	boissons, magazines	baskets, blouson en jean

Transcript

1 – Tu as combien d'argent de poche?
– J'ai 12 euros par semaine.
– Qu'est-ce que tu fais avec ton argent?
– J'achète du chewing-gum et un magazine.
– Tu mets de l'argent de côté?
– Oui, je mets de l'argent de côté pour acheter un vélo.

2 – Tu as combien d'argent de poche?
– J'ai 25 euros par mois.
– Qu'est-ce que tu fais avec ton argent?
– Je vais au cinéma et j'achète des livres.
– Tu mets de l'argent de côté?
– Oui, je mets de l'argent de côté pour acheter des vêtements.

3 – Tu as combien d'argent de poche?
– J'ai 30 euros par mois.
– Qu'est-ce que tu fais avec ton argent?
– Je sors avec mes copains, j'achète des livres et des CD.
– Tu mets de l'argent de côté?
– Non, je ne mets rien de côté.

4 – Tu as combien d'argent de poche?
– J'ai 15 euros par semaine.
– Qu'est-ce que tu fais avec ton argent?
– J'achète des boissons et des magazines.
– Tu mets de l'argent de côté?
– Oui, je mets de l'argent de côté pour acheter des baskets et un blouson en jean.

2 Pupils solve the wordsearch.

Answers:

```
O  U  T  E  H  C  O  P  I
R  E  N  I  A  M  E  S  T
D  C  H  C  K  B  E  W  N
I  O  N  G  L  J  R  E  E
N  P  O  Y  I  O  A  T  G
A  A  S  U  V  L  T  G  R
T  I  U  I  R  É  I  L  A
E  N  O  V  E  V  U  B  M
U  S  L  Y  S  D  G  F  O
R  G  B  A  S  K  R  C  I
Y  O  B  A  S  K  E  T  S
M  A  G  A  Z  I  N  E  S
```

3 Pupils use the word frame to write about their own pocket money and what they do with it.

Feuille 46 Petits boulots (1)
page 88

Objectives
• Say what jobs you do around the house

Suggested timing
Use this copymaster as a vocabulary sheet after part-time jobs have been introduced.

Key language
Je fais du baby-sitting.
Je fais les courses.
Je garde mon frère.
Je fais le ménage.
Je promène le chien.
Je lave la voiture.

Materials
• Students' Book page 88
• Encore Workbook 2, page 53
• OHTs 7A1, 7A2

AT 4.2

1 Pupils match the pictures to the correct French phrase.
Answers:
1 b, **2** d, **3** f, **4** e, **5** a, **6** c

2 Pupils solve the crossword using the picture clues.
Answers:

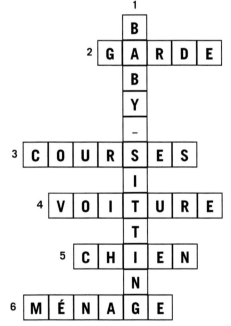

Feuille 47 Tu as un petit boulot?
page 88

Objectives
- Read and identify single words and main points in a text

Suggested timing
Use this copymaster instead of Students' Book page 88, activity 4a.

Key language
Je fais du baby-sitting.
Je fais les courses.
Je garde mon frère.
Je fais le ménage.
Je promène le chien.
Je lave la voiture.
C'est fatigant/intéressant.
C'est bien/mal payé.
Je gagne/Elle/Il gagne 8 livres/euros par semaine.
Je mets de l'argent de côté.

Materials
- Students' Book page 88
- Encore Workbook 2, page 53
- OHTs 7A1, 7A2

 AT 3.2–3

1 Pupils find the words given and underline them in blue in the text.

2 Pupils use the phrases in the text to unjumble the words of the sentences. They underline the phrases in red in the text.
   Answers:
   a J'ai un frère et une sœur.
   b J'écoute de la musique.
   c J'ai £20 d'argent de poche par mois.
   d J'ai un petit boulot.
   e Mon frère promène le chien.
   f Tu as de l'argent de poche?
   g Je mets de l'argent de côté.

3 Pupils tick those pictures which can be found in the text.
   Answers:
   walking the dog, tennis, cinema, clothes, music

Feuille 48 Petits boulots (2)
page 88

Objectives
- Write about pocket money and part-time jobs using visual prompts

Suggested timing
Use this copymaster instead of Students' Book page 88, activity 4b.

Key language
Je fais du baby-sitting.
Je fais les courses.
Je fais le ménage.
Je promène le chien.
Je gagne 25 livres/euros par semaine.
Je mets de l'argent de côté.

Materials
- Students' Book page 88
- Encore Workbook 2, page 53
- OHTs 7A1, 7A2

 AT 4.3

Pupils use the prompts to write descriptions of how much money each person gets, what they do to earn it and what they do with their money.
Answers:
1 Je fais du baby-sitting. Je gagne 25 euros par semaine. J'achète des vêtements et des CD.
2 Je fais le ménage. Je gagne 5 livres par semaine. J'achète des livres et des baskets.
3 Je promène le chien. Je gagne 20 livres par mois. J'achète des jeux vidéo et (je mets de l'argent de côté pour) une guitare.

Feuille 49 Les petits boulots
page 91

Objectives
- Practise language learnt in a different and fun context

Suggested timing
Use this copymaster with the song on Students' Book page 91. Allow the pupils to look at the words of the song. Make sure they understand the negative form *je ne ... plus* before you start the activity.

Key language
Je fais du baby-sitting.
Je fais les courses.
Je garde mon frère.
Je fais le ménage.
Je promène le chien.
Je lave la voiture.
Je ne fais plus de ...
Je vais faire du ...
Je passe l'aspirateur.

Materials
- Students' Book page 91
- CD track 18
- Encore Workbook 2, page 55
- OHTs 7A1, 7A2

AT 1.3–4
1 Pupils tick the job that the person does not do in the first verse.
Answers:
shopping

2 Pupils tick only those activities which the person does now.
Answers:
shopping, jeans, cinema

Transcript

Je fais du baby-sitting
Pour Isabelle ma cousine,
Je lave les trois voitures
Du voisin, Monsieur Arthur,
Je passe l'aspirateur
Dans la maison de ma sœur.
Je sors aussi tous les chiens
De mon grand-père Benjamin.

Ça y est, ça y est!
J'ai de l'argent de côté.
Ça y est, ça y est!
Je vais pouvoir m'amuser.

Je ne fais plus de baby-sitting,
Je vais faire du shopping.
Je ne lave plus toutes ces voitures,
Je vois des films d'aventure.
Je ne passe plus l'aspirateur,
J'achète des jeans Lee Cooper.
Je ne sors plus tous ces gros chiens,
Je fais tous les magasins!

Oh non, oh non!
J'ai déjà tout dépensé.
Oh non, oh non!
Je vais devoir retravailler!

Je fais du baby-sitting,
Pour Isabelle ma cousine ...

Follow-up activity. Pupils can have fun singing along with the recording. The teacher could perhaps divide the class into two groups and sing a verse each, or two lines each. The chorus lends itself particularly well to being split between groups.

Pupils could use one of the verses, alter the activities and write out a verse of their own which could be word processed or made into a poster.

Feuille 50 Checklist
page 93

Objectives
- Check what has been learnt in this unit

Suggested timing
Use this copymaster instead of the checklist on Students' Book page 93.

Materials
- Students' Book page 93
- Encore Workbook 2, pages 57–58
- OHTs 7A1, 7A2

AT 4.2 Pupils complete the phrases with what they have learnt and then colour in the bubble writing to give them a visual marker as to how far they have come.

Feuille 51 les chiffres

page 100

Objectives

• Practise numbers up to 100

Suggested timing

Use this copymaster before you start practising telephone numbers as a revision of numbers up to 100.

Key language

vingt
vingt et un
trente
trente-deux
quarante
quarante-trois
cinquante
cinquante-quatre
soixante
soixante-cinq
soixante-dix
soixante-seize
quatre-vingts
quatre-vingt-sept
quatre-vingt-dix
quatre-vingt-dix-huit

Materials

• Students' Book page 100
• Encore Workbook 2, page 61
• OHT 8A

AT 4.2

1 Pupils fill in the vowels to complete the words for the numbers.
Answers:
  a 34 – trente-quatre
  b 48 – quarante-huit
  c 50 – cinquante
  d 67 – soixante-sept
  e 76 – soixante-seize
  f 82 – quatre-vingt-deux
  g 93 – quatre-vingt-treize

2 Pupils complete the number crossword.
Answers:

Follow-up activity. To practise numbers further, draw a two-column grid on the board with + at the head of one column and – at the head of the other. Ask the class to guess the number you are thinking of. Each time pupils say a number, tell them whether it is more or less than your chosen number by writing it in the relevant column (+ means more than the number chosen, – means less). Continue until pupils guess the number.

Feuille 52 La communication
page 100

Objectives
• Understand and give telephone numbers

Suggested timing
Use this copymaster as a vocabulary sheet after the relevant language has been introduced.

Key language
C'est quoi, le numéro de téléphone?
C'est le 04 56 77 03 25.
Allô, Fabienne?
Non, c'est Jordane.
Est-ce que je peux parler à Fabienne, s'il te plaît?
Oui, attends. Ne quitte pas.

Materials
• Students' Book page 100
• Encore Workbook 2, page 61
• OHT 8A

1   Pupils match the English translations to the French phrases.
    Answers:
    1 b, **2** e, **3** c, **4** a, **5** d, **6** f

2   Pupils circle the numbers which appear in the telephone number.
    Answers:
    (zéro quatre)
    cinquante-six
    soixante-dix-sept
    treize
    vingt-cinq

3   For each telephone number, pupils circle the part of the number which has been written down incorrectly. Some pupils could write in the correct number.
    Answers:
    Ex. 14 (should be 40), **a** 20 (should be 12), **b** 23 (should be 25), **c** 18 (should be 19)

Follow-up activity. To practise the telephone conversation, pupils could sit in a circle. One pupil is the one ringing up wanting to speak to Fabienne and the other pupils are each given a French name. The pupil ringing up has to find Fabienne. When they do, the pupils swap roles. Ideally, two telephones are needed as props to pass around the group.

Feuille 53 Au téléphone
page 100

Objectives
• Practise listening to and understanding telephone numbers

Suggested timing
Use this copymaster instead of Students' Book page 100, activity 2a, and page 136, activity 2a.

Key language
zéro
vingt
vingt et un
trente
trente-deux
quarante
quarante-trois
cinquante
cinquante-quatre
soixante
soixante-cinq
soixante-dix
soixante-seize
quatre-vingts
quatre-vingt-sept
quatre-vingt-dix
quatre-vingt-dix-huit

Materials
• Students' Book page 100 and page 136
• CD tracks 19–20
• Encore Workbook 2, page 61
• OHT 8A

1   Pupils listen to the recording and circle the number which is missing from each telephone number.
    Answers:
    (Nathalie – 35), Antoine – 18, Perrine – 49, Martin – 61, Karima – 52, Jamel – 70

> **Transcript**
> – C'est quoi, ton numéro de téléphone, Nathalie?
> – Mon numéro de téléphone, c'est le 02 35 24 67 39.
>
> – C'est quoi, ton numéro de téléphone, Antoine?
> – Mon numéro de téléphone, c'est le 02 35 40 18 77.
>
> – C'est quoi, ton numéro de téléphone, Perrine?
> – Mon numéro de téléphone, c'est le 03 21 95 49 80.
>
> – C'est quoi, ton numéro de téléphone, Martin?
> – Mon numéro de téléphone, c'est le 02 35 61 51 62.
>
> – C'est quoi, ton numéro de téléphone, Karima?
> – Mon numéro de téléphone c'est le 02 35 11 98 52.

> – C'est quoi, ton numéro de téléphone, Jamel?
> – Mon numéro de téléphone, c'est le
>   04 70 84 73 09.

2 Pupils listen to the recording and indicate with a cross which numbers have been written down incorrectly and with a tick those which have been written correctly.
Some pupils could listen again and write the correct number.
Answers:

1 Le Grand Café Capucines ✔
2 Pariscope ✗
3 La tour Eiffel ✔
4 Le musée Claude-Monet ✗
5 Le parc floral ✔
6 Le club des jeunes ✗

Transcript
1 – C'est quoi, le numéro de téléphone du Grand Café Capucines à Paris?
  – Le Grand Café Capucines ...voyons ... C'est le 01 43 12 19 00.
  – 01 43 12 19 00. Très bien. Merci.

2 – Je vais téléphoner à Pariscope. C'est quoi, le numéro de téléphone?
  – Pour Pariscope, c'est le 01 41 34 73 22, je crois.
  – 01 41 34 73 22?
  – Oui, je crois.

3 – C'est quoi, le numéro de téléphone de la tour Eiffel?
  – La tour Eiffel ... un instant ... c'est le 01 44 11 23 23.
  – Attendez! ... 01 44 11 ...
  – 23 23.
  – D'accord.

4 – Nathalie! C'est quoi, le numéro de téléphone du musée Claude-Monet?
  – Euh ... c'est le 05 32 51 28 21.
  – 05 32 51 28 21. OK, merci.

5 – C'est quoi, le numéro de téléphone du parc floral?
  – Pour le parc floral, c'est le 04 72 45 69 18.
  – Vous pouvez répéter, s'il vous plaît?
  – Bien sûr, c'est le 04 72 45 69 18.

6 – C'est quoi, le numéro de téléphone du club des jeunes?
  – C'est le 03 80 08 33 25.
  – Je vais noter ... 03 80 08 33 25.

Feuille 54 C'est le téléphone qui sonne
page 101
Objectives
• Practise language learnt in a different and fun context
Suggested timing
Use this copymaster with the song on Students' Book page 101.
Key language
Allô, allô, c'est toi, ...?
C'est le téléphone qui sonne.
Vous n'êtes pas au bon numéro.
Attends un peu, ne quitte pas ...
Est-ce que je peux parler à ...?
Materials
• Students' Book page 101
• CD track 21
• Encore Workbook 2, page 61
• OHT 8A

AT 1.2–3 Pupils listen to the song and fill in the gaps in the text using the words in the boxes to help them.
Answers:
(See transcript.)

Transcript
Refrain:
Zéro un, vingt-deux,
Quarante-**quatre**, trente-**trois**,
Quatre-vingt-dix-**neuf** ...
C'est le téléphone qui **sonne**.

Allô, allô, c'est toi, Léo?
Ah non, ici c'est **Mario**!
Vous n'êtes pas au bon **numéro**.

Refrain

Allô, allô, c'est toi, Papa?
Attends un peu, ne **quitte** pas ...
Ah non, ton **père**, il n'est pas là.

Refrain

Allô, allô, c'est toi, Albert?
Est-ce que je peux parler à **Claire**?
Ou à ma **mère** ou à mon **frère**?

Refrain

Feuille 55 Je me présente (1)
page 110

Objectives

- Introduce yourself and describe your appearance

Suggested timing

Use this copymaster as a vocabulary sheet before doing the activities on Students' Book page 110. Use it with *Équipe 1, Unité 4*, as revision.

Key language

Je m'appelle …
J'ai … ans.

Je suis anglais(e).
Je suis gallois(e).
Je suis écossais(e).
Je suis irlandais(e).

Je suis   grand(e).
petit(e).
gros(se).
mince.

Je suis   blond(e).
brun(e).
roux/rousse.

J'ai les cheveux   courts.
longs.
frisés.
raides.

J'ai les yeux bleus.
verts.
marron.

J'ai des lunettes.

Materials

- Students' Book page 110
- Encore Workbook 2, page 68
- OHT 9A

AT 4.2 Pupils write in the English translations for the French phrases.

Feuille 56 Je me présente (2)
page 110

Objectives

- Introduce yourself and describe your appearance

Suggested timing

Use this copymaster as vocabulary revision (with *Équipe 1, Unité 4*) and instead of Students' Book page 110, activity 5.

Key language

Je m'appelle …
J'ai … ans.

Je suis anglais(e).
Je suis gallois(e).
Je suis écossais(e).
Je suis irlandais(e).

Je suis   grand(e).
petit(e).
gros(se).
mince.

Je suis   blond(e).
brun(e).
roux/rousse.

J'ai les cheveux courts/longs/frisés/raides.

J'ai les yeux bleus/verts/marron.

J'ai des lunettes.

Materials

- Students' Book page 110
- Encore Workbook 2, page 68
- OHT 9A

AT 4.2–3 **1** Pupils find the words in the grid.
Answers:

```
C R E T N O R R A M S R
H D F H J K L O U Y E A
E S A G R O S C N H T I
V M P O L V E R T S T D
E F E C N I M T R G E E
U S D P F S K G L N S
X S A E É W R T O U H
D F H T S G P K M N L B
Z A S I D O S N P G T S
V R T N I M L L S J T
E F S D A S F S G R H R
R T Y L P U O L G K J U
P U G I W E A S D C J O
L N B M F L D C W H B C
A O Y L K B G R A N D L
```

2 Pupils fill the gaps in the sentences to describe the pictures correctly.
Answers:
  a J'ai les cheveux longs et raides.
  b Je suis gros.
  c J'ai les cheveux courts et frisés.
  d Je suis petit.

3 Pupils read the information in the speech bubble and then write a description of themselves in the speech bubble provided.

Follow-up activity. If your school has a digital camera, you could use it to take pictures of groups of three or four pupils. Then import the pictures into a computer (ask ICT support how to do this, if necessary) and ask pupils to write descriptions of themselves and of the other people in the picture. Stress that these should be written in the first person, perhaps as speech bubbles. Alternatively, ask pupils to bring in pictures of their family or famous people.

Feuille 57 C'était vraiment super!

page 114

Objectives

• Talk about what you did on a past holiday.

Suggested timing

Use this copymaster with Students' Book page 114 and also with Students' Book pages 74–77.

Key language

Je suis allé(e) en ville.
Je suis allé(e) au musée.
Je suis allé(e) à la piscine.
J'ai regardé un film.
J'ai mangé une glace.
J'ai acheté des souvenirs et des cadeaux.
J'ai fait une promenade en mer.

Materials

• Students' Book page 114
• Encore Workbook 2, page 70

AT 4.2 1 Pupils match the picture to the correct phrase.
Answers:
1 c, **2** e, **3** b, **4** f, **5** a, **6** d, **7** g

2 Pupils read the diary entries and match the pictures to the day on which they are mentioned.
Answers:

mercredi 13 juin	**c**
jeudi 14 juin	**b**
vendredi 15 juin	**a**
samedi 16 juin	**d**

Follow-up activity. The activities on this copymaster can be used as preparation for the travel project mentioned in *Unité 6* (see page 25 of these notes).

Feuille 58 Checklist

page 117

Objectives

• Check what has been learnt in this unit and in *Unité 8*

Suggested timing

Use this copymaster instead of the checklist on Students' Book page 117.

Materials

• Students' Book page 117
• Encore Workbook 2, pages 65–66, 73–74

AT 4.2 Pupils complete the phrases with what they have learnt and then colour in the bubble writing to give them a visual marker as to how far they have come.

Feuille 59 Révisions Unités 7–9
page 120

Objectives

- Provide consolidation and further practice of language covered in the previous three units

- Help pupils prepare for the assessment for units 7–9

Suggested timing

Use this copymaster instead of Students' Book page 120, activity 1a.

Materials

- Students' Book page 120
- CD track 22

AT 1.3

1 Pupils listen to the recording and match the people to how much money they get.
Answers:

Théo	50 € par semaine
Patricia	10 € par semaine
Gaëtan	15 € par semaine
Mathilde	30 € par mois
Félix	0 €

Transcript
- Émilie, tu as de l'argent de poche?
- Oui.
- Tu as combien d'argent de poche?
- Normalement, j'ai 12 euros par semaine.
- Qu'est-ce que tu fais avec ton argent?
- Cette semaine, j'achète un magazine.

- Théo, tu as combien d'argent de poche?
- J'ai 50 euros par semaine.
- 50 euros! Qu'est-ce que tu fais avec ton argent?
- Cette semaine, j'achète un CD.

- Patricia, tu as combien d'argent de poche?
- J'ai 10 euros par semaine.
- Qu'est-ce que tu fais avec ton argent cette semaine?
- Je sors avec mes copains et je vais au cinéma.

- Gaëtan, tu as de l'argent de poche?
- Oui, j'ai 15 euros par semaine.
- Qu'est-ce que tu fais avec ton argent cette semaine?
- Rien. Je mets de l'argent de côté pour acheter une guitare électrique.

- Mathilde, tu as combien d'argent de poche?
- J'ai 30 euros par mois.
- Qu'est-ce que tu fais avec ton argent cette semaine?
- J'achète un tee-shirt. J'aime acheter des vêtements.

- Félix, tu as combien d'argent de poche?
- Je n'ai pas d'argent de poche.
- Tu as un petit boulot.
- Non, je n'ai pas de boulot. Mes parents paient pour moi.

---

2 Pupils listen to the recording again and tick items that each person wants to buy or does buy.
Answers:

Émilie	b (Example)
Théo	a
Patricia	c
Gaëtan	f
Mathilde	e
Félix	d

Feuille 60 Révisions Unités 7–9
page 121

Objectives

- Provide consolidation and further practice of language covered in the previous three units

- Help pupils prepare for the assessment for units 7–9

Suggested timing

Use this copymaster instead of Students' Book page 121, activity 6.

Materials

- Students' Book page 121

AT 4.3–4

1 Pupils write a description of what part-time job they do, how much money they earn and what they do with their money. In order to get a higher level, pupils need to be encouraged to put in extra detail other than that in the writing frame.

AT 3.3

2 Pupils read the descriptions and match them to the correct picture.
Answers:
a Paul
b Martin
c Anne
d Sarah

Feuille 61 Écoute

Objectives
- Assess pupils' progress and learning from units 7–9

Suggested timing
Use this copymaster instead of *Contrôle Unités 7–9, Feuille 135*.

Materials
- Feuille 61
- CD track 23

1 Pupils listen to the recording and tick the jobs that each person does.

Answers:

Éric	(Example: shopping, washing car)
Lucie	babysitting, housework
Yann	looking after brother, shopping
Isabelle	walking dog
Marc	shopping
Stéphanie	babysitting, housework

Mark scheme: 1 point for each correct answer. (Total: 8)

Transcript

1
- Bonjour, Éric. Est-ce que tu as un petit boulot?
- Oui. Le week-end, je fais les courses et je lave la voiture.
- Est-ce que tu gagnes de l'argent?
- Oui, je gagne 6 euros par semaine et j'achète des magazines.

2
- Salut, Lucie. Tu as un petit boulot aussi?
- Oui. Tous les soirs, je fais du baby-sitting et le week-end, je fais le ménage.
- Est-ce que tu gagnes de l'argent?
- Oui, je gagne 10 euros par semaine et j'achète des vêtements.

3
- Et toi, Yann, qu'est-ce que tu fais?
- Moi, je garde mon petit frère pour aider mes parents et après l'école, je fais les courses aussi.
- Est-ce que tu gagnes de l'argent?
- Oui, je gagne 30 euros par mois et je mets de l'argent de côté pour acheter une guitare.

4
- Bonjour, Isabelle. Est-ce que tu as un petit boulot?
- Oui. Tous les jours, je promène le chien. J'aime bien mon chien – il s'appelle Rolo.
- Est-ce que tu gagnes de l'argent, aussi?
- Non, mais j'ai 6 euros par semaine comme argent de poche. J'achète du chewing-gum et des boissons.

5
- Salut, Marc. Qu'est-ce que tu fais pour aider tes parents?
- Je fais les courses tous les week-ends. Je n'aime pas ça. C'est fatigant.
- Est-ce que tu gagnes de l'argent?
- Oui, je gagne 15 euros par mois. J'achète des livres.

6
- Et toi, Stéphanie, tu as un petit boulot aussi?
- Oui, tous les soirs, je fais du baby-sitting. J'aime les enfants. Je fais aussi le ménage. Je n'aime pas ça – c'est fatigant.
- Est-ce que tu gagnes de l'argent?
- Oui, je gagne 20 euros par semaine. J'achète des vêtements et je vais au cinéma.

---

2 Pupils listen to the recording again and write down how much money each person gets and tick what they buy (or want to buy) with it.

Answers:

Éric	(Example: 6 €	magazines)
Lucie	10 €	clothes
Yann	30 €	guitar
Isabelle	6 €	chewing gum, drink
Marc	15 €	books
Stéphanie	20 €	clothes, going to cinema

Mark scheme: 1 point for each correct answer. (Total: 12)

Total for Listening assessment: 20 points

Feuille 62 Parle

Objectives
- Assess pupils' progress and learning from units 7–9

Suggested timing
Use this copymaster instead of *Contrôle Unités 7–9, Feuille 136*.

Materials
- Feuille 62

1   Pupils take it in turns to tell each other three things that they did on holiday. Pupils listening should tick the activities the other one is describing.
Mark scheme: 2 points for each fully correct phrase, 1 point if the activity is communicated but with some grammatical error; 2 extra points for good pronunciation. (Total: 8)

2   Pupils describe one of the pictures to their partner who has to listen carefully and tick the picture they are describing.
Mark scheme: 6 points for a correct description, 2 points for good pronunciation. (Total: 8)

Total for Speaking assessment: 16 points

Feuille 63 Lis

Objectives
- Assess pupils' progress and learning from units 7–9

Suggested timing
Use this copymaster instead of *Contrôle Unités 7–9, Feuilles 137–138*.

Materials
- Feuille 63

1a Pupils read the brochure extract and circle the five pictures that match the activities you can do there.
Answers:
Pictures to be circled are: **a**, **b**, **c**, **f**, **h**
Mark scheme: 1 point for each correct answer. (Total: 5)

1b Pupils read Marion's account of what she did in Dieppe and underline the four activities she did that are not mentioned in the brochure.
Answers:
j'ai joué au tennis
j'ai fait une excursion en car
je suis allée au parc
j'ai fait du vélo
Mark scheme: 2 points for each correct answer. (Total: 8)

2   Pupils read the personal profile and answer the multiple choice questions.
Answers:
1 b, **2** a, **3** a, **4** b, **5** c
Mark scheme: 1 point for each correct answer. (Total: 5)

Total for Reading assessment: 18 points

Feuille 64 Écris

Objectives
- Assess pupils' progress and learning from units 7–9

Suggested timing
Use this copymaster instead of *Contrôle Unités 7–9, Feuille 139*.

Materials
- Feuille 64

1 Pupils label the items shown in French.
   Answers:
   a un ordinateur, **b** un vélo, **c** du chewing-gum,
   d des cassettes, **e** des livres, **f** des cadeaux,
   g des vêtements, **h** une guitare
   Mark scheme: 1 point for each correct answer.
   (Total: 8)

2 Pupils rearrange the words so that the sentences make sense.
   Answers:
   a J'achète des vêtements.
   b Je garde mon frère.
   c Je gagne 10 euros par semaine.
   d Je mets de l'argent de côté.
   e Je n'ai pas d'argent de poche.
   Mark scheme: 1 point for each correct sentence. (Total 5)

3 Pupils use the word wall to write a description of themselves (in five sentences).
   Mark scheme: 1 point for each correct sentence. (Total: 5)

Total for Writing assessment: 18 points

Total for all four assessments: 72 points

Nom: _____

1 Look at the pictures of the clothes and write the correct letters in the list below.

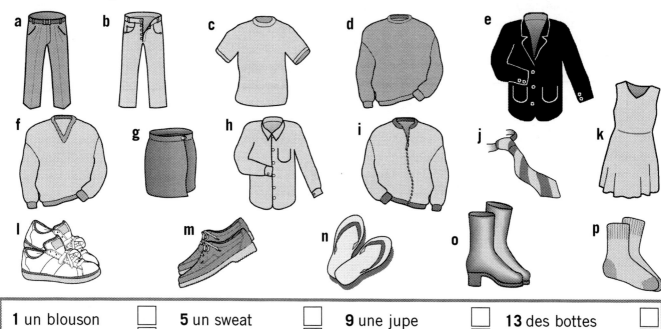

1 un blouson ☐	**5** un sweat ☐	**9** une jupe ☐	**13** des bottes ☐
2 un jean ☐	**6** un tee-shirt ☐	**10** une robe ☐	**14** des chaussettes ☐
3 un pantalon [a]	**7** une chemise ☐	**11** une veste ☐	**15** des chaussures ☐
4 un pull ☐	**8** une cravate ☐	**12** des baskets ☐	**16** des sandales ☐

2 Using the phrases below, describe these clothes and then colour them in correctly.

 a
le sweat jaune

 b
_____

 c
_____

 d
_____

 e
_____

 f
_____

 g
_____

 h
_____

 i
_____

 j
_____

 k
_____

 l
_____

le blouson noir	le short orange	la chemise verte	les bottes grises
le jean noir	~~le sweat jaune~~	la jupe rose	les chaussures marron
le pantalon rouge	le tee-shirt bleu	les baskets blanches	les sandales rouges

Nom: _____

On each of the models draw the appropriate outfit for the different situations.
Then describe them and give your opinion using the word wall to help you.

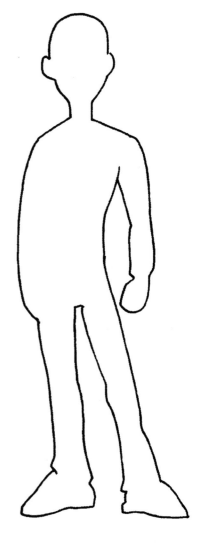

a Pour aller au collège, je

mets _____

_____

_____

_____

b Pour aller en ville, je

mets _____

_____

_____

_____

c Pour aller à une boum, je

mets _____

_____

_____

_____

j'aime		j'aime bien		j'adore		le look décontracté	
	je déteste		je n'aime pas beaucoup		le look habillé		
c'est pratique		c'est sympa		c'est moche		le look sport	

Nom: _____

1a 🔊 Listen to the recording.
Mark in the grid what the people
think about the different outfits.
If they like them, put a tick (✔)
beneath the picture.
If they don't, put a cross (✘).

Karima		
Martin		
Nathalie		
Antoine		

1b 🔊 Listen to the recording again and see if you can write down their opinions.

Example	**Karima**	*C'est pratique.*
	Martin	_____
	Nathalie	_____
	Antoine	_____

2 🔊 Listen to the recording.
Match the pictures to the
conversations you hear.

1 ____

2 ____

3 ____

4 ____

5 ____

6 ____

Nom: _____

1 Read the role-plays and fill in the gaps using the words in the boxes (right).

Conversation 1

A Bonjour, madame.

B Bonjour, monsieur. Je voudrais une _____ rouge.

A Voilà.

B Ça _____ va?

C Non, ça ne te _____ pas. C'est _____ grand.

| jupe |
| trop |
| me |
| va |

Conversation 2

A Bonjour, _____.

B Bonjour, monsieur.

A Je _____ un pull _____.

B Voilà.

A Ça me _____?

C Ah oui, ça te _____. C'est _____.

| va |
| super |
| vert |
| madame |
| va |
| voudrais |

Conversation 3

A Bonjour.

B Bonjour.

A Je voudrais une _____ blanche.

B Voilà.

A Ça me va?

C _____, ça _____ te va pas. Ce n'est pas ton _____.

| genre |
| ne |
| chemise |
| Non |

Conversation 4

A Bonjour.

B Bonjour.

A Je _____ un pantalon _____.

B Voilà.

A Ça me _____?

C Non, _____ ne te _____ pas. C'est trop _____.

| va |
| va |
| voudrais |
| ça |
| petit |
| bleu |

2 👥 Practise reading the role-plays in groups, then choose one of them or make up another one to perform for the class.

Nom: _____

1 🔊 Listen to the song and tick the items of clothing that are mentioned in the song.

 a ✔ 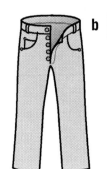 b ☐  c ☐  d ☐

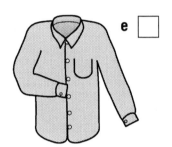 e ☐ 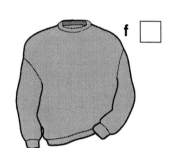 f ☐ 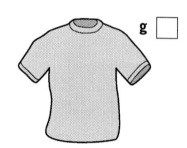 g ☐

 h ☐  i ☐  j ☐ 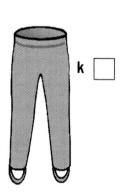 k ☐

2 🔊 Listen to the chorus again and fill in the missing words from the list below.

Ma tenue _____,

C'est mon _____ délavé,

Mon _____ jean,

Mon _____,

C'est le blues du blue-jean.

blue-jean	jean	préférée	vieux

Nom: _____

Colour in and complete when you are confident that you can do the following:

1 I can talk about clothes.

> J'ai un _____
> _____ .

> J'ai une _____
> _____ .

2 I can talk about my favourite outfit and different looks.

> Ma tenue préférée, c'est
> _____
> _____ .

> J'aime le look
> _____ .

> Je n'aime pas le look
> _____ .

3 I can say what clothes I wear for different occasions.

> Pour aller au collège, je mets
> _____
> _____ .

4 I can ask for and give opinions.

> Ça me va?

> Oui, c'est _____ .

> Non, ça ne te va pas.
> C'est _____ .

Nom: _____

1 Match the television programmes in the box below to the pictures.
Write the French beneath each picture.

un film	un documentaire	les infos
un dessin animé	un feuilleton	la météo
un jeu	une émission pour la jeunesse	une émission sportive

a _____

b _____

c _____

d _____

e _____

f _____

g _____

h _____

i _____

2 Write the English next to the French. Choose the words from the box.

J'adore _____

J'aime (bien) _____

Je préfère _____

Je n'aime pas _____

Je déteste _____

| I prefer |
| I (quite) like |
| I love |
| I hate |
| I don't like |

Nom: _____

1 Write the phrases below in the correct column to show whether they
are positive or negative.

Ce n'est pas marrant.	☺	☹
C'est nul.		
C'est génial.	*C'est intéressant.*	
~~C'est intéressant.~~		
C'est débile.		
C'est drôle.		

2 For each programme, say what sort of programme it is and what you think about it.

Example The 10 o'clock News   *C'est les infos. J'aime ça. C'est intéressant.*

a The Simpsons: _____

_____

b Titanic: _____

_____

c Wheel of Fortune: _____

_____

d Neighbours: _____

_____

e Match of the Day: _____

_____

f SM:TV live: _____

_____

CD4

Nom: _____

1 📀 Listen to the recording and note the programmes which the people like (✔) and don't like (✘).

Antoine		✔		✔		✘			
Nathalie									
Martin									
Karima									
Max									
Roxanne									

2a Do a survey of the class likes and dislikes. In the first row fill in your own preferences. Ask at least five people in the class.

Nom	les jeux	les films	les infos	les dessins animés
(Example) Alex	✔	✘	✘	✔
Moi				

2b Show your results in a graph.

Example

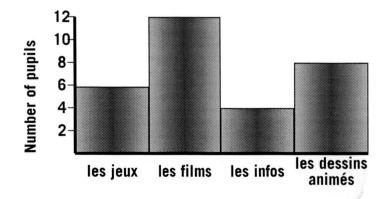

Nom: _____

1 Look at the TV schedule and write down the titles of the programmes next to the correct descriptions and times (**a–e** below).

TF1

16.15
L'HOMME QUI TOMBE À PIC
[9771006]
Série américaine.
La course aux bijoux volés.

17.10
MELROSE PLACE
Feuilleton.

18.00
K 2000
[89402]
Le retour de Goliath.
(Deuxième partie).

19.00
L'OR A L'APPEL
[9750]
Présenté par Lagaf'.

20.00
JOURNAL
[14315]

20.45
LES ANNÉES TUBES
[750976]
Présenté par Jean-Pierre Foucault.

2

16.50
DES CHIFFRES ET DES LETTRES
Jeu.
[422402]

17.25
LE PRINCE DE BEL AIR
[5782353]
Série américaine.

17.50
KIRK
[39334]

18.20
MADISON
[85599]

18.50
QUI EST QUI?
[4083044]

19.25
STUDIO GABRIEL
[353773]
Invités : Karen Cheryl, Jean Guidoni.

20.00
JOURNAL
[21605]

20.55
QUAI No 1
[7343268]
Série réalisée par Patrick Jamain.

3

16.40
LES MINIKEUMS
[2128315]
Tintin
16.50 Les tortues Ninja
17.15 Rémi sans famille

17.45
JE PASSE À LA TÉLÉ
[250247]

18.20
QUESTIONS POUR UN CHAMPION
Jeu.
[98763]

18.50
UN LIVRE, UN JOUR
[2359995]

20.05
FA SI LA CHANTER
[898711]

20.35
TOUT LE SPORT
[9415711]

20.50
THALASSA
[7750957]

CANAL+

15.55
DUMB AND DUMBER
[2669402]
Film : comédie américaine.

17.35
PAS SI VITE
[929044]

17.40
CARLAND CROSS
Feuilleton.

18.15
CYBERFLASH
[9483808]

18.35
NULLE PART AILLEURS
[1518711]

20.15
FOOTBALL
[8501402]
Championnat de France
Rennes/Nantes

5 La Cinquième

16.25
CAYMANIA, VOYAGE AU FOND DES MERS
[73353]

17.00
JEUNESSE
[36082]
Cellulo
17.25 Alf.

17.55
JEUNES MARINS REPORTERS
(Voir mardi).

18.25
LE MONDE DES ANIMAUX
[8605024]
La société des insectes :
"L'assemblée des mouches".

18.50
MÉTÉO

M6

16.45
RINTINTIN JUNIOR
[9924976]
Feuilleton américain.

17.15
HIT MACHINE
[617537]

18.05
CENTRAL PARK WEST
Le mariage.
[1527686]

19.00
LOIS ET CLARK : LES NOUVELLES AVENTURES DE SUPERMAN
[51334]
Série américaine.

19.45
6 MINUTES
[405999044]

20.00
MISTER BIZ
Magazine.
[64286]

20.35
6 MINUTES LOCAL
[7039315]

20.45
LES DESSOUS DE LA NOUVELLE-ORLÉANS
[750841]

a Une émission sportive à vingt heures trente-cinq. _____

b Un film à quinze heures cinquante-cinq. _____

c Un feuilleton à dix-sept heures dix. _____

d Un jeu à seize heures cinquante. _____

e Un feuilleton américain à seize heures quarante-cinq. _____

Nom: _____

1 What type of film are these? Choose the correct French phrases from the box below and write them next to the pictures.

a _____
_____

b _____
_____

c _____
_____

d _____
_____

e _____
_____

f _____
_____

| un dessin animé | un film policier | un film d'épouvante |
| un film d'amour | une comédie | un film de science-fiction |

2 There are four types of film and four types of TV programme in the wordsearch. What are they? Try to find them all, then fill in the gaps in the phrases below.

→ ← ↓ ↑ ↗

W	E	R	Y	T	I	U	O	É	T	É	M	M
V	O	C	A	S	D	F	G	H	M	K	L	P
L	M	N	O	T	E	L	L	I	U	E	F	O
I	C	É	S	D	M	B	N	J	G	I	D	L
N	É	P	O	U	V	A	N	T	E	D	R	A
F	M	N	K	O	N	M	S	L	I	É	E	F
O	I	J	H	I	V	O	W	R	O	M	L	K
S	D	D	S	A	É	U	C	W	T	O	I	L
F	I	S	D	G	J	R	Y	A	D	C	T	M
S	E	C	N	R	G	K	L	P	Y	T	R	D
D	R	E	I	C	I	L	O	P	F	L	I	M

les _ _ _ _ _

un _ _ _ _ _ _ _ _ _ _

un _ _ _ _ _ _ _   _ _ _ _ _

la _ _ _ _ _

un film d' _ _ _ _ _

une _ _ _ _ _ _ _

un film d' _ _ _ _ _ _ _ _ _ _

un film _ _ _ _ _ _ _ _

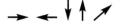

Nom: _____

Colour in and complete when you are confident that you can do the following:

1 I can talk about different TV programmes.

J'aime les

_____ ▫

Je n'aime pas les

_____ ▫

2 I can give my opinion about different TV programmes.

EastEnders, c'est

_____ ▫

The Simpsons, c'est

_____ ▫

3 I can say what time a programme is on.

Neighbours, c'est à

_____ ▫

EastEnders, c'est à

_____ ▫

4 I can name different types of film.

une _____ ▫

un film d'_____ ▫

un film _____ ▫

Nom: _____

1 Match the places and activities to the pictures.
Write the correct number next to each phrase.

Tu veux aller:

a au cinéma _____

b au parc _____

c à la plage _____

d à la patinoire _____

e en ville _____

f à la piscine _____

  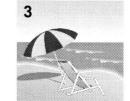

Tu veux:

g faire du vélo _____

h faire du skate _____

i faire du patinage _____

j faire de la voile _____

k danser _____

l nager _____

2 Read the dialogue and write the French for phrases **a–d**.

• Tu veux aller au cinéma?

– Oui, je veux bien. On se retrouve à quelle heure?

• À sept heures et demie.

– On se retrouve où?

• Devant le cinéma.

– D'accord. À plus tard.

a Do you want to go to the cinema? _____

b When shall we meet? _____

c Where shall we meet? _____

d In front of the cinema. _____

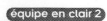

Nom: _____

1 Read the messages and note the important details on the grid below.

a

> **Tu veux aller au café?**
> **On se retrouve à quatre heures chez moi.**
> **À plus tard!**
> **Yannick**

c

> Salut, Amélie!
> Tu veux aller au cinéma ce soir?
> Il y a un bon film policier! On se retrouve à sept heures chez toi?
> Le film commence à sept heures et demie.
>> Lise

b

> *Tu veux aller à la piscine ce soir? On se retrouve à sept heures et demie à la piscine. Téléphone-moi.*
> *Christelle*

d

> *Cher Éric*
> *Tu aimes faire du patinage? Tu veux aller à la patinoire ce soir? On se retrouve à sept heures et quart au café. Tu veux?*
> *Jeanne*

e

> *Tu veux aller en ville avec moi? On se retrouve devant la bibliothèque à dix heures moins le quart.*
> *Alex*

	Activité	Heure	Où
a	*café*	*4h*	*chez Yannick*
b			
c			
d			
e			

2 Answer these questions about the messages. Write the correct names.

a Who likes swimming? _____

b Who wants to see a film? _____

c Who likes ice skating? _____

d Who wants to meet at the library? _____

Nom: _____

Match pictures **a–j** to sentences **1–10**.
Then write the correct English phrase using the words in the box below.

a    b    c

d    e    f

1 J'ai regardé la télévision. ☐ j   *I watched TV.* _____

2 J'ai regardé un film. ☐   _____

3 J'ai acheté un sweat. ☐   _____

4 J'ai retrouvé mes copains. ☐   _____

5 J'ai joué au foot. ☐   _____

6 J'ai écouté de la musique. ☐   _____

7 J'ai nagé à la piscine. ☐   _____

8 J'ai fait mes devoirs. ☐   _____

9 J'ai mangé un sandwich. ☐   _____

10 J'ai fait du vélo. ☐   _____

g    h   i    j

I ate a sandwich.	I watched a film.	I did my homework.	I went swimming.
I played football.	I rode my bike.	~~I watched TV.~~	I listened to music.
	I bought a sweatshirt.	I met my friends.	

Nom: _____

R	Q	É	T	E	H	C	A	W	R
E	R	T	Y	U	I	O	P	A	E
G	K	É	F	F	A	I	T	O	T
A	L	T	J	O	G	R	F	D	R
R	V	U	C	L	O	P	E	V	O
D	B	O	N	É	O	U	M	W	U
É	O	C	V	V	Q	U	Y	T	V
F	H	É	D	I	A	T	S	D	É
Y	P	L	S	K	J	O	H	G	É
R	E	U	S	D	F	O	W	C	G
Y	M	W	Q	D	C	F	N	M	A
I	E	N	I	C	S	I	P	B	N
N	O	I	S	I	V	É	L	É	T

1a Find the French for these English words in the wordsearch and write them in the gaps.

music _____

television _____

swimming pool _____

bike _____

football _____

1b Find these French words in the wordsearch.

regardé   nagé   fait

écouté   acheté   retrouvé

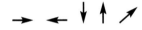

2 Fill in the gaps and draw lines to match the sentences to the English.

a J'ai j__ __é au foot.

b J'ai éc__u__é de la m__ __ __que.

c J'ai f__it du vé__ __.

d J'ai re__r__u__é mes c__pai__s.

e J'ai r__gar__é la té__év__ __ __on.

f J'ai a__he__é un tee-s__ __ __ __.

g J'ai n__gé à la p__ __cine.

1 I met my friends.

2 I played football.

3 I went swimming.

4 I listened to music.

5 I rode my bike.

6 I watched television.

7 I bought a T-shirt.

3 Complete the crossword using the picture clues to help you.

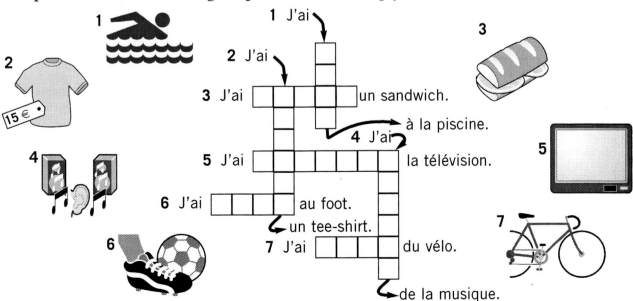

© OUP: this may be reproduced for use solely by the purchaser's institution

Nom: ....

Read the role-plays and fill in the gaps with the words in the boxes.

Conversation 1

Serveur:	Bonjour, madame.
Cliente:	_____ .
	Le _____ , s'il vous plaît.
	…
Serveur:	Vous _____?
Cliente:	Je _____ des frites
	et un _____ .
Client:	Je voudrais une _____ .
	…
Serveur:	Voilà.
Cliente:	Ça _____ combien?
Serveur:	Ça fait 9 euros.

désirez
Bonjour
limonade
menu
voudrais
fait
Orangina

Conversation 2

Serveur:	_____ désirez?
Client:	Je voudrais un _____ ,
	s'il vous plaît.
	…
Serveur:	Voilà.
Client:	Je peux _____ une serviette?
Serveur:	Oui, voilà.
	…
Client:	Où sont les _____ ?
Serveur:	Là-bas.

avoir
sandwich
Vous
toilettes

équipe en clair 2

Nom: _____

Colour in and complete when you are confident that you can do the following:

1 I can ask someone out.

Tu veux aller _____ ?

Tu veux faire du _____ ?

2 I can arrange to meet with someone.

On se retrouve à quelle heure?

À _____ heures _____ .

On se retrouve où?

Devant le _____ .

3 I can talk about last weekend.

J'ai _____ la télévision.

J'ai fait du _____ .

J'ai acheté _____ .

4 I can talk with a waiter or waitress.

Je voudrais _____ .

Où sont les _____ ?

Je peux avoir _____ ?

Nom: _____

1 Read the messages. Answer the questions by writing the correct name or names each time.

1

Cher Martin
Tu veux venir au cinéma ce soir?
Il y a un bon film policier à
19h30. On se retrouve chez moi
à sept heures.
Nathalie

3

Bonjour, Antoine!
Cet après-midi, je fais du
skate en ville. Tu veux venir?
On se retrouve devant le
collège à quatre heures.
Martin

2

Salut, Karima!
J'adore les jeux à la télé. Tu
veux regarder «Questions pour
un champion» sur France 3
chez moi ce soir? L'émission
commence à dix-huit heures
vingt. Tu veux venir?
Antoine

4

Nathalie, tu vas à la boum chez
Laurence samedi soir? Pour
aller à la boum, je mets ma jupe
noire et un tee-shirt. Et toi?
On se retrouve chez moi à sept
heures et demie pour aller à la
boum?
Karima

Who …

a … wants to see a detective film?   _____

b … will meet in front of the school at 4 o'clock?   _____ and _____

c … likes watching game shows on television?   _____

d … is going to meet at half past seven?   _____ and _____

2 🔘 Listen to the recording and complete the table.
Write down what type of film they will see, what time it's on and where they will meet.

	Quel film?	**Heure?**	**On se retrouve où?**
1	film romantique	7h30	chez moi
2			
3			
4			

Nom: _____

1 Fill in the gaps using the words in the box below.

o

i

Quelle journée! Le matin, j'ai

_____ des copains en

ville et on a _____ du

shopping. Moi, j'ai _____

un sweat bleu et des baskets.

L'après-midi, j'ai _____

au football, j'ai _____ de

la musique et j'ai _____

à la piscine.

Le soir, j'ai _____ un

film de science-fiction au cinéma.

Super!

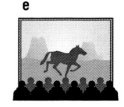
e

t

n

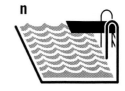
n

A

| fait | joué | vu | nagé | retrouvé | écouté | acheté |

2 Look at the pictures. Write the letters of the pictures in the order that they appear in the text above. What French name is spelt?

— — — — — — —

Nom: _____

1 🔊 Listen to the recording. What are these people wearing to the party?
Tick at least three items of clothing for each person.

Camille		✔						
Benjamin								
Claire								
Julie								

2 🔊 Listen to the recording.
Is it Saturday (write **s** for *samedi*) or Sunday (write **d** for *dimanche*)?

　 s　　

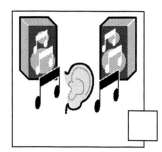　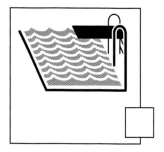　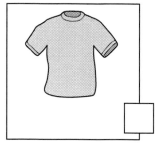　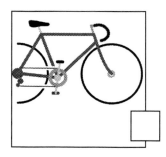

3 🔊 Listen to the three people and complete the grid. Tick their favourite programme
and write what time they watch it.

				À quelle heure?
1		✔		9h05
2				
3				

Nom: _____

Partner A

1a Invite your partner to **three** of the activities below.

> Tu veux aller à la plage?

1b Reply to your partner's questions.

> Oui, je veux bien.

> Non, je ne peux pas. Désolé(e).

2a Ask your partner these **two** questions.

> Qu'est-ce que tu mets pour aller à une boum?

> Qu'est-ce que tu aimes comme look?

2b Look at the pictures and describe what you wear to parties.
What sort of look do you like?

> Je mets un tee-shirt, …

> J'aime le look …

Partner B

1a Reply to your partner's questions.

> Oui, je veux bien.

> Non, je ne peux pas. Désolé(e).

1b Invite your partner to **three** of the activities below.

> Tu veux aller au cinéma?

2a Look at the pictures and describe what you wear to parties.
What sort of look do you like?

> Je mets un tee-shirt, …

> J'aime le look …

2b Ask your partner these **two** questions.

> Qu'est-ce que tu mets pour aller à une boum?

> Qu'est-ce que tu aimes comme look?

Nom: _____

1 What does Thomas mention in his letter? Tick **five** things.

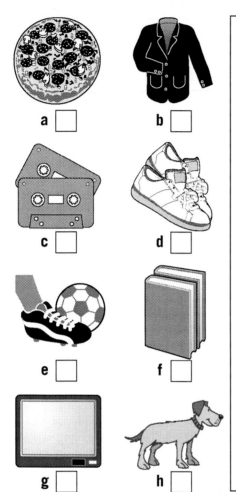

a ☐

b ☐

c ☐

d ☐

e ☐

f ☐

g ☐

h ☐

> Dieppe, le 18 décembre
>
> Cher Jérémie,
>
> Ça va? Moi, ça va très bien! Ce soir, je vais à une boum au club des jeunes. Je mets un jean, un tee-shirt et une veste noire. On va danser et manger des pizzas!
>
> Le week-end dernier, je suis allé en ville et j'ai acheté des baskets. Super! Samedi soir, j'ai retrouvé mes copains et on a regardé un film d'épouvante. C'était génial!
>
> Tu aimes la télévision? Moi, j'adore regarder la télévision. Mon émission préférée, c'est «Sport Dimanche» sur France 3. J'aime aussi regarder les dessins animés, mais je n'aime pas les documentaires. C'est nul!
>
> Qu'est-ce que tu aimes regarder à la télévision?
>
> Amitiés,
>
> Thomas

2 Complete the sentences by finding the information in the letter.

a Thomas va à une _____ au club des jeunes.

b Thomas met un jean, un _____ et une veste.

c Le week-end dernier, il a regardé un _____ d'épouvante.

d Il aime regarder les _____ , mais il n'aime pas

les _____ .

3 Circle the right words to complete these sentences correctly.

a At the party in the youth club, Thomas will   eat pizza / drink lemonade.

b Last weekend he bought   a jacket / some trainers.

c On Saturday evening he watched   a horror film / a cartoon.

d Thomas likes watching   music programmes / cartoons.

e He doesn't like watching   sports programmes / documentaries.

Nom: _____

1 Complete the phrase with **five** appropriate items of clothing.

Pour aller au collège, je mets _____

_____

_____

2 What did you do last weekend? Choose three of the six activities pictured and write them in the space provided.

Example *J'ai joué au tennis.*

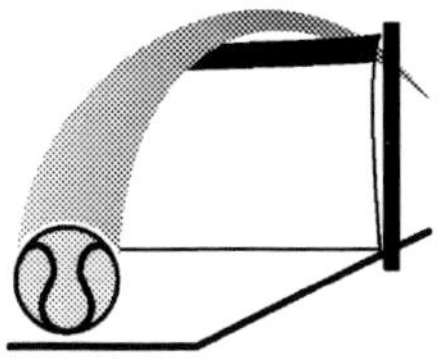

_____

_____

_____

_____

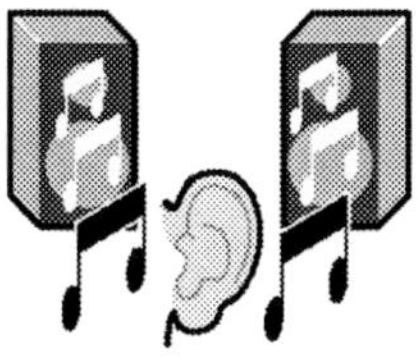

_____

3 Adapt the underlined phrases in Anthony's message to invite someone out. Mention the activity, the time and the meeting place.

Tu veux aller au cinéma ce soir? On se retrouve à sept heures et demie devant la poste.

Amitiés,

Anthony

_____
_____
_____
_____
_____
_____
_____
_____

Nom: _____

1 Write the English for these sentences.

a Je me réveille. _____

b Je me lève. _____

c Je me lave. _____

d Je m'habille. _____

e Je prends le petit déjeuner. _____

f Je me brosse les dents. _____

2a Complete the wordsearch.
Find these words.

brosse

dents

habille

réveille

lève

lave

R	S	T	N	E	D	R	U	C	V
É	S	H	K	S	L	P	O	O	O
V	D	G	H	A	B	I	L	L	E
E	N	L	B	W	S	S	D	C	V
I	E	N	L	H	L	K	L	H	U
L	R	V	È	M	V	A	X	E	O
L	P	J	V	K	I	E	V	F	R
E	T	G	E	B	I	H	D	E	P
O	U	D	É	J	E	U	G	E	E
P	M	E	S	S	O	R	B	N	R
N	G	A	S	I	V	A	L	É	T

2b Using words from the wordsearch, fill in the gaps in these sentences to describe your morning routine.

a Je me _ _ _ _ _ _ _ _ _ .

b Je me _ _ _ _ _ .

c Je me _ _ _ _ _ .

d Je m' _ _ _ _ _ _ _ _ .

e Je _ _ _ _ _ _ le petit déjeuner.

f Je me _ _ _ _ _ _ _ les _ _ _ _ _ .

Nom: _____

1 🔊 Listen to the song and write the number of the missing phrase from the box below.

Chorus:

Tu ☐ _____ le matin

Et le monde ☐ _____

Et tu brilles

Et la vie

Est plus belle.

Bonjour, bonjour le soleil,

Tu ☐ _____ et le monde ☐ _____ .

Au soleil, sous la pluie,

On ☐ _____ , on ☐ _____ .

À midi, à minuit,

C'est normal, c'est la vie.

(Back to chorus)

Je ☐ _____ , je ☐ _____ ,

Au collège, c'est lundi.

Vivement samedi!

C'est normal, c'est la vie.

(Back to chorus)

Je ☐ _____ chaque soir,

Je ☐ _____ , tôt ou tard,

Doucement, sans cauchemars,

C'est normal, c'est comme ça.

(Back to chorus)

1 s'amuse
2 me lève
3 m'endors
4 m'habille
5 me couche
6 te lèves
7 se réveille
8 s'ennuie
9 se réveille
10 te lèves

2 🔊 Listen to the song again to check your answers.
Then fill in the gaps using the words in the box.

Nom: _____

1 Match the pictures to the French phrases.

Pour aider à la maison, on peut ...
(*To help at home, you can ...*)

a ranger sa chambre ___

b faire la cuisine ___

c faire le ménage ___

d faire les courses ___

e faire la vaisselle ___

f faire son lit ___

g mettre le couvert ___

2 Write the English for these French phrases. Choose from the list in the box below.
Be careful – some are in the present and some are in the past.

a Je fais mon lit. _____

b Je range ma chambre. _____

c J'ai fait les courses. _____

d J'ai mis le couvert. _____

e J'ai rangé ma chambre. _____

f Je mets le couvert. _____

1 I have set the table.	**2** I tidy my room.	**3** I make my bed.
4 I have tidied my room.	**5** I have done the shopping.	**6** I set the table.

Nom: _____

1 🔊 Listen to the recording and fill in the table using the letters next to the pictures.

	Julie	David	Charline
lundi			
mardi			
mercredi			b
jeudi	a		
vendredi		g	

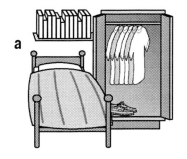
a

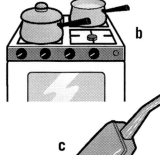
b

c

d

e

f

g

2 Complete the crossword by writing in the missing words.
Use the picture clues to help you,

Across ➔

2 Je range ma …

4 Je fais la …

6 Je fais le …

7 Je fais mon …

Down ↓

1 Je fais la …

2 Je fais les …

3 Je mets le …

5 Je … ma chambre.

6 Je … le couvert.

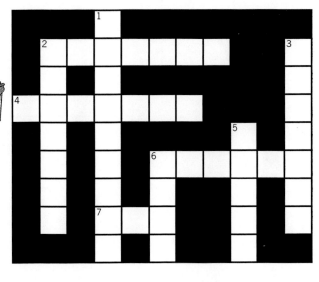

équipe en clair 2

Nom: _____

In the frames below write a description of your normal routine at home during the week (**a**), say how you usually help at home at the weekend (**b**) and how you helped last weekend (**c**).

a Describe your weekly morning routine.

Pendant la semaine, je me réveille à _____

_____

_____

_____

b Describe what household chores you do at the weekend.

À la maison, je _____

_____

_____

_____

_____

c Say what household chores you did last weekend.

Le week-end dernier, pour aider à la maison, j'ai _____

_____

_____

_____

_____

Nom: _____

Colour in and complete when you are confident that you can do the following:

1 I can describe a typical day.

À sept heures, je

_____ .

À huit heures, je

_____ .

2 I can say how I help at home.

À la maison, je

_____ .

Je range

_____ .

Je mets

_____ .

3 I can say how I helped last weekend.

Le week-end dernier, j'ai

_____ .

J'ai mis

_____ .

J'ai rangé

_____ .

équipe en clair 2

Nom: _____

Complete the two French phrases beside each mode of transport. Choose from the box below.

Je prends _____ .
Je vais _____ .

Je prends _____ .
Je vais _____ .

Je prends _____ .
Je vais _____ .

Je prends _____ .
Je vais _____ .

Je prends _____ .
Je vais _____ .

Je prends _____ .
Je vais _____ .

Je prends _____ .
Je vais _____ .

Je prends _____ .
Je vais _____ .

Je prends _____ .
Je vais _____ .

Je prends _____ .
Je vais _____ .

Je vais _____ .

le train	en train	l'aéroglisseur	en aéroglisseur	le bateau
en bateau	le car	en car	le vélo	à vélo	la voiture
en voiture	le bus	en bus	la mobylette	à mobylette
l'avion	en avion	le métro	en métro	à pied

Nom: _____

1 🔊 Listen to the recording and write the results of the survey for different ways of travelling to school.

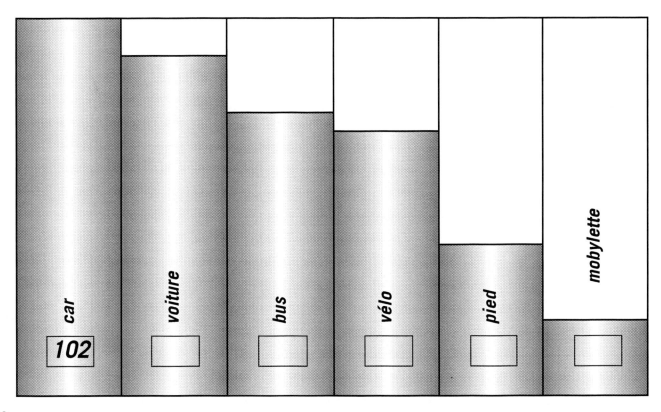

car	voiture	bus	vélo	pied	mobylette
102					

2 Complete the crossword by working out which mode of transport goes where.

Nom: _____

1 Match the French expressions with the English ones in the box below.

a J'ai pris le bateau.

_____

b Je suis allé(e) en France.

_____

c Je suis parti(e) le 20 juillet.

_____

d Je suis resté(e) une semaine.

_____

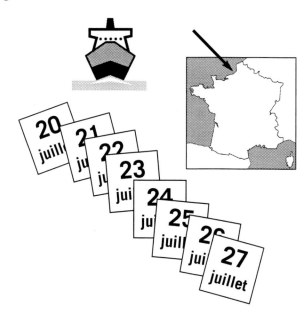

I went to France.	I left on the 20th July.
I took the boat.	I stayed a week.

2 Unjumble these sentences so that they make sense.

Jean

Je allé suis Portugal. au

_____

partie suis Je 14 le septembre.

_____

Laura

restée Je deux suis semaines.

_____

suis Je resté mois. un

_____

Audrey

Martin

pris la voiture. J'ai

_____

le parti suis Je janvier. 10

_____

Sandrine

Sébastien

Nom: _____

Emmanuelle, 14 ans
Je suis allée aux États-Unis avec mes parents. On est partis le 3 août. On a pris l'avion pour New York. D'abord, on est restés quatre jours à New York. C'était vraiment moche! Après, on est allés à Miami en voiture. On est restés une semaine. On a visité la région et on est allés à la plage. Là, c'était génial!

Élodie, 15 ans
Je suis allée dans un camp de vacances à Marseille. J'ai pris le car le 2 juillet. D'abord, on a fait des excursions, on a visité des châteaux et des musées. Ça, c'était vraiment super. Après, on a fait du sport et moi, je déteste ça! C'était vraiment nul!

Corentin, 15 ans
Je suis resté à la maison. D'abord, j'ai regardé la télé. C'était vraiment nul! Après, j'ai retrouvé des copains. On a fait du vélo, on a joué au foot, on est allés au cinéma. Ça, c'était vraiment sympa!

1 Read the texts and underline the following:
  a three names of towns;
  b two dates;
  c four modes of transport.

2 For each person tick the activities they did and what they thought of their holiday.

Emmanuelle

Élodie

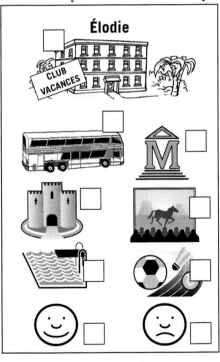

Corentin

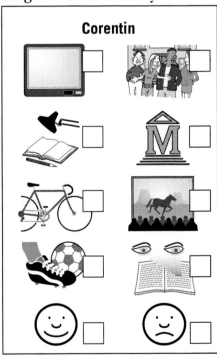

3 Now use expressions from the texts to write the French for positive opinions and negative opinions.

C'était (vraiment) _____   C'était (vraiment) _____

    _____

    _____

équipe en clair 2

Nom: _____

1 Listen to the song and put the pictures in the order that you hear them.

1	2	3	4	5	6	7
e						

a

b

c

d

e

f

2 Listen to the song again and fill in the gaps in the chorus using the words in the box below.

Chorus:

Je suis _____ aux Antilles

_____ de paille et espadrilles

Je suis _____ aux Antilles

Couleur _____,

  parfum _____.

Je suis partie en juillet

J'ai acheté mon billet

Un billet aller-retour

Je suis restée quinze jours.

(Back to chorus)

J'ai pris l'avion à Marseille

Ciel tout gris, pas de soleil

Je suis arrivée aux Antilles

Là, toujours le soleil brille.

(Back to chorus)

Je suis montée en montagne

J'ai campé à la campagne

J'ai mangé du choucoco

J'ai dansé la calypso.

(Back to chorus)

allée	allée	café
vanille	chapeau	

équipe en clair 2

Nom: _____

Colour in and complete when you are confident that you can do the following:

1 I can talk about modes of transport.

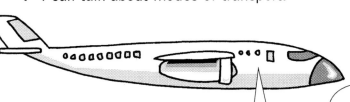

Je prends _____ .

Je vais en _____ .

Je vais à _____ .

2 I can describe a journey in the past.

Je suis allé(e) en _____ .

Je suis parti(e) le _____ .

Je suis resté(e) _____ .

J'ai pris l'_____ .

3 I can say what I did on a past holiday.

J'ai visité un _____ .

Je suis allé(e) à
la _____ .

J'ai regardé la _____ .

4 I can say what the holiday was like.

C'était _____ .

C'était _____ .

équipe en clair 2

Nom: _____

1 Read the notes in Laura's diary and put the pictures in the right order.

1	2	3	4	5	6

7h00 – Je me réveille.

7h10 – Je me lève et je m'habille.

7h15 – Je prends le petit déjeuner.

7h45 – Je me brosse les dents.

8h00 – Je vais à l'école.

2 Laura loves travelling. Fill in the blanks in her account of a recent trip using the words in the box.

Je suis _____ au Portugal et en Espagne.

Je suis _____ une semaine au Portugal

et _____ jours en Espagne.

C'était _____!

J'ai pris l'_____.

C'était _____ sympa.

avion
vraiment
restée
allée
super
quinze

Nom: _____

1 Here is the diary of Claire Tondini. Fill in the blanks with the correct form of the word in brackets.

*J'ai visité la Provence et la Corse en roulotte avec mes parents et mon frère. Je suis [**partir**] partie le 3 juillet.*

*Je suis [**aller**] _____ à Avignon. C'était super! Je suis [**rester**] _____ trois jours.*

*Après, je suis [**aller**] _____ à Nice. J'ai [**prendre**] _____ le bateau pour la Corse.*

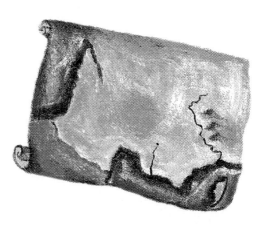

*Je suis [**rester**] _____ une semaine en Corse. Alors, les vacances en roulotte, c'était génial.*

2 🔊 Listen and tick which member of the Tondini family will do which chore.

Planning: 13–19 juillet				
	Claire	**Martial**	**Mme Tondini**	**M. Tondini**
la cuisine				
la vaisselle				
les courses				
le ménage				

Nom: _____

1 🔊 Listen and match the transport to where each person goes.

Exemple	1	2	3	4	5	6
a						

Exemple (ÉCOLE)

1 (ÉCOLE)   2   3 (CLUB DES JEUNES)   4   5   6

a (bus)   b (bicycle)   c (car)   d (scooter)   e (train)   f (feet)

2 🔊 Listen to Mélanie and put these activities in the order she does them.

1	2	3	4	5	6
a					

a   b

c   d   e   f

3 🔊 Listen and tick the household chores each person does.

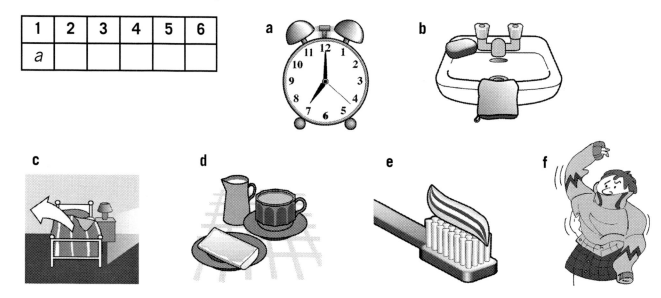

Élodie							
Maxime							
Julien							
Sarah							

Nom: _____

1 Look at the rota. Take turns to choose a person. Your partner has to guess who you are.

A Je fais les lits.

B Ah, tu es Julie!

A Oui, c'est ça.

Planning: semaine 7–14 juillet

Julie	Pierre	Paul	Élisa
Perrine	Sophie	Martial	Clémence

2a Tell your partner what time you do each of these activities.

Je me réveille à 7 heures.

Partenaire

2b Listen to your partner and write in the times they say in each clock.

3a Make up a journey you have been on using the prompts in the box below.

Je suis allé(e) _____

Je suis parti(e) _____

Je suis resté(e) _____

J'ai voyagé _____

C'était _____

3b With a partner, take it in turns to interview each other about the journey you each made up. Use the questions below to find out where each of you went, when you left, how long you stayed, how you travelled and what it was like.

Tu es allé(e) où?

Tu es parti(e) quand?

Tu es resté(e) combien de temps?

Tu as voyagé comment?

C'était comment?

Nom: _____

1 Match the correct speech bubble to each picture.

1 (Il faut ranger ma chambre.)

2 (Moi, je vais à l'école à vélo.)

3 (J'ai pris le bateau pour aller en Angleterre.)

4 (Je mange le petit déjeuner à 7 heures 30.)

5 (Tu as fait les courses, Yann?)

a  b

c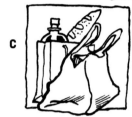

d  e

2 Read Luc's letter then write 'true' or 'false' next to each statement.

1 Je suis allé en Espagne le 6 juillet. _____

2 À Paris, je suis resté un jour. _____

3 Pour aller à Marseille, j'ai pris l'avion. _____

4 Du 20 au 26 juillet, je suis resté à la maison. _____

5 À la maison, j'ai joué au tennis. _____

6 Je suis resté deux semaines à la plage. _____

7 C'était nul! _____

> Salut, Jérémie!
> Ça va, les vacances? Moi, je passe des vacances super! Le 6 juillet, je suis allé à Paris. Je suis resté une semaine. Super!
> Après, je suis allé dans un camp de vacances à Marseille. J'ai pris l'avion. Quelle aventure! Je suis allé à la piscine tous les jours. C'était génial.
> Du 20 au 25 juillet, je suis resté à la maison. D'abord, j'ai regardé la télé et après, j'ai retrouvé mes copains. J'ai joué au foot et je suis allé au cinéma. C'était sympa!
> Le 28 juillet, j'ai pris la voiture et je suis allé deux semaines à la plage! Cool!
> J'adore les grandes vacances!!
> Salut!
> Luc

Nom: _____

1 Complete the speech bubbles as in the example.

Example

J'ai fait le ménage.

1

Moi, j'ai _____
_____ .

4

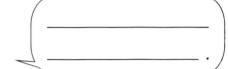
_____
_____ .

2

Moi, j'ai _____
_____ .

5

_____
_____ .

3

Moi, j'ai _____
_____ .

6

_____
_____ .

2 Read the adventures of this explorer and use the text to help you invent an adventure of your own. Use the underlined phrases.

Je suis allé en Amérique du Sud.

Je suis parti le 3 janvier.

Je suis resté 2 ans.

J'ai pris l'avion, le bateau et

j'ai aussi voyagé en jeep, à cheval et à pied!

_____

_____

_____

_____

_____

_____

équipe en clair 2

Nom: _____

1 Write the English translations next to the speech bubbles. Choose from the box.

1 (Tu as combien d'argent de poche?) _____ _____

2 (J'ai 60 euros/livres par semaine/mois.) _____ _____

3 (Je n'ai pas d'argent de poche.) _____ _____

4 (Qu'est-ce que tu fais avec ton argent?) _____ _____

5 (J'achète …) _____

6 (Je mets de l'argent de côté pour acheter …) _____ _____

> I have 60 euros/pounds per week/month.
>
> What do you do with your money?
>
> How much pocket money do you get?
>
> I buy …
>
> I don't have pocket money.
>
> I save money to buy …

2 Match the pictures to the French description. Write the correct letter in each box.

1 des livres `O`
2 des vêtements ☐
3 des baskets ☐
4 une guitare ☐
5 un ordinateur ☐
6 un blouson ☐
7 des magazines ☐
8 des cassettes ☐
9 des cadeaux ☐
10 Je sors avec mes copains. ☐
11 Je vais au cinéma. ☐
12 une mobylette ☐
13 un vélo ☐
14 du chewing-gum ☐
15 des boissons ☐

a
b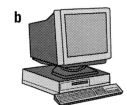
c
d
e
f
g
h
i
j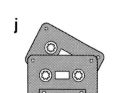
k
l
m
n
o

Nom: _____

J'ai trente euros par mois. Normalement, j'achète des CD, je sors avec mes copains et je mets de l'argent de côté pour acheter une nouvelle guitare.

Olivier

J'ai quinze euros par semaine. Avec mon argent de poche, j'achète des magazines et du chewing-gum et je sors avec mes copains.

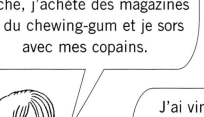

Mélanie

Tom

J'ai vingt livres par mois. J'achète des vêtements et des baskets. Je vais aussi avec mes copains au cinéma. J'aime les films d'action.

Anna

J'ai dix livres par semaine. Je mets de l'argent de côté pour acheter un jeu vidéo pour mon GameBoy. J'achète aussi des bonbons et des boissons.

J'ai vingt-cinq euros par semaine. Je mets de l'argent de côté pour acheter une mobylette et un ordinateur. J'achète aussi du chewing-gum et des magazines.

Sophie

1 Read the texts, then choose the correct English translation for the French words below. Circle the right answer.

a	l'argent	money / guitar	**f**	un jeu vidéo	a video game / tennis
b	des boissons	drinks / a computer	**g**	vingt	twenty / five
c	des vêtements	a bike / clothes	**h**	des baskets	hamsters / trainers
d	par semaine	a dog / per week	**i**	l'argent de poche	pocket money / train
e	mes copains	my CDs / my friends	**j**	un ordinateur	an aeroplane / a computer

2 Who buys or is saving for the following? Write the name(s) below each picture.

a    b    c   d    e

_____   _____   _____   _____   _____

_____

Nom: _____

1 Listen and fill in the table.

	How much?	Spend money on ...?	Save for ...?
1	12 € par semaine	chewing-gum, magazine	vélo
2			
3			
4			

2 Find these words in the wordsearch. → ← ↓ ↑

```
O  U  T  E  H  C  O  P  I
R  E  N  I  A  M  E  S  T
D  C  H  C  K  B  E  W  N
I  O  N  G  L  J  R  E  E
N  P  O  Y  I  O  A  T  G
A  A  S  U  V  L  T  G  R
T  I  U  I  R  É  I  L  A
E  N  O  V  E  V  U  B  M
U  S  L  Y  S  D  G  F  O
R  G  B  A  S  K  R  C  I
Y  O  B  A  S  K  E  T  S
M  A  G  A  Z  I  N  E  S
```

ordinateur   baskets

vélo   argent

poche   magazines

guitare   blouson

livres   copains

semaine   mois

3 Use the writing frame and the wordsearch to help you describe what you do with your money and how much you get.

- Say how much money you get per week or per month.

J'ai _____

- Say what you buy.

J'achète _____

_____

- Say what you're saving for.

Je mets de l'argent de côté pour _____

_____

Nom: _____

1 Match the pictures to the French phrases. Write the correct letter.

1 Je fais du baby-sitting. ____

2 Je fais les courses. ____

3 Je garde mon frère. ____

4 Je fais le ménage. ____

5 Je promène le chien. ____

6 Je lave la voiture. ____

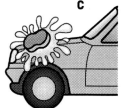
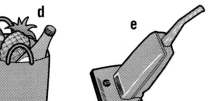

2 Complete the crossword using pictures **1–6** below as clues.

1 Je fais du

2 Je [ ][ ][ ][ ][ ] mon frère.

3 Je fais les [ ][ ][ ][ ][ ][ ][ ]

4 Je lave la [ ][ ][ ][ ][ ][ ][ ]

5 Je promène le [ ][ ][ ][ ][ ]

6 Je fais le [ ][ ][ ][ ][ ][ ]

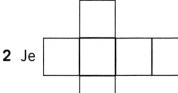

Nom: _____

Cullompton, le 22 juin

Cher Jacques,

Bonjour! Je m'appelle Anna. J'ai douze ans. J'ai un frère et une sœur. Le week-end, je sors avec mes copains, je vais au cinéma, je fais du tennis et j'écoute de la musique. J'aime Craig David.

J'ai £20 d'argent de poche par mois et j'achète des vêtements, des CD et des magazines.

J'ai un petit boulot. Je lave la voiture. C'est fatigant, mais c'est bien payé. Je gagne £8 par semaine. Je mets de l'argent de côté. Mon frère promène le chien. Il gagne £5 par semaine et ma sœur fait du baby-sitting. Elle gagne £10 par semaine.

Tu as de l'argent de poche? Tu as un petit boulot?

Amitiés,

    Anna

---

1 Find these words in Anna's letter and underline them in blue.

frère	sœur	cinéma	écoute	copains	par mois	vêtements
	fatigant	payé	lave	boulot	gagne	voiture	chien
	baby-sitting	promène	argent de poche	musique	magazines	

2 Unjumble these sentences and find them in the letter. Underline them in red.

a une J'ai frère sœur. un et   _____

b musique. J'écoute de la   _____

c £20 J'ai de poche d'argent mois. par   _____

d boulot. J'ai un petit   _____

e promène chien. le Mon frère   _____

f as Tu l'argent poche? de de   _____

g mets Je l'argent de côté. de   _____

3 Tick the pictures which can be found in the letter.

   ✔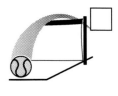

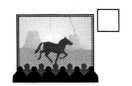    

Nom: _____

For each of the people, write down

- what job they do at home;

- how much money they get;

- what they buy with the money.

Some useful phrases:
Je gagne …	I earn …
par semaine	per week
par mois	per month
J'achète …	I buy …

Example

Nicolas

 60 € – 1 mois

Je fais les courses. Je gagne 60 euros par semaine.

J'achète des boissons et du chewing-gum.

1 Léa

 25 € – 1 semaine

_____

_____

2 David

 £5 – 1 semaine

_____

_____

3 Sarah

 £20 – 1 mois

_____

_____

Nom: _____

1 🔊 Listen to the song. Tick what job the person does <u>not</u> do in the first verse.

2 🔊 Listen to the second verse of the song. Tick only the activities the person does now.

Je fais du baby-sitting

Pour Isabelle ma cousine,

Je lave les trois voitures

Du voisin, Monsieur Arthur,

Je passe l'aspirateur

Dans la maison de ma sœur.

Je sors aussi tous les chiens

De mon grand-père Benjamin.

Ça y est, ça y est!

J'ai de l'argent de côté.

Ça y est, ça y est!

Je vais pouvoir m'amuser.

Je ne fais plus de baby-sitting,

Je vais faire du shopping.

Je ne lave plus toutes ces voitures,

Je vois des films d'aventure.

Je ne passe plus l'aspirateur,

J'achète des jeans Lee Cooper.

Je ne sors plus tous ces gros chiens,

Je fais tous les magasins!

Oh non, oh non!

J'ai déjà tout dépensé.

Oh non, oh non!

Je vais devoir retravailler!

Je fais du baby-sitting,

Pour Isabelle ma cousine ...

Nom: _____

Colour in and complete when you are confident that you can do the following:

1 I can ask and talk about pocket money.

> Tu as combien
> d'_____
> de _____ ?

> J'ai _____
> par _____ .

2 I can talk about what I do with my money.

> J'achète _____
> _____
> _____ .

> Je mets de l'argent
> de côté pour acheter
> _____
> _____ .

3 I can talk and ask about part-time jobs.

> Tu as un petit
> _____ ?

> Je lave
> _____ .

> Je fais
> du _____ .

> Je promène
> le _____ .

4 I can say how much I earn.

> Je gagne _____ par semaine.

Nom: _____

1 Add the vowels to these numbers to complete the words.
(Some vowels have to be used more than once.)

Example

21 v _i_ n g t _e_ t _u_ n   (i, e, u)

a 34 t r __ n t __ - q __ __ t r__   (e ,u, a)

b 48 q __ __ r __ n t __ - h __ __ t   (u, a, e, i)

c 50 c __ n q __ __ n t __   (i, u, a, e)

d 67 s __ __ x __ n t __ - s __ p t   (o, i, a, e)

e 76 s __ __ x __ n t __ - s __ __ z __   (o, i, a, e)

f 82 q __ __ t r __ - v __ n g t - d __ __ x   (u, a, e, i)

g 93 q __ __ t r __ - v __ n g t - t r __ __ z __   (u, a, e, i)

2 Complete the crossword. Write the words for the numbers.

→

c 8
e 40
h 1
i 20
k 16

↓

a 50
b 11
d 4
f 1
g 30
j 3

Nom: _____

1 Look at the conversations on the right.
Match the English to the French.
Write the letter next to the English.

1 It's 04 56 77 03 25. ☐

2 Can I speak to Fabienne, please? ☐

3 Hello, Fabienne? ☐

4 What's the telephone number? ☐

5 No, it's Jordane. ☐

6 Yes, wait. Don't go away. ☐

C'est quoi, le numéro de téléphone? **a**

C'est le 04 56 77 03 25. **b**

Allô, Fabienne? **c**

Non, c'est Jordane. **d**

2 Circle the French for numbers which appear
in this telephone number.

04 56 77 13 25

(zéro quatre) cinquante-six   onze

huit   trente-trois   dix   cent   treize

soixante-dix-sept   quinze   vingt-deux

quarante   vingt-cinq   quatre-vingts

Est-ce que je peux parler à Fabienne, s'il te plaît? **e**

Oui, attends. Ne quitte pas. **f**

3 Look at these telephone numbers and speech bubbles. Each telephone number has been
written down wrongly. Circle the incorrect part of the number.

Example

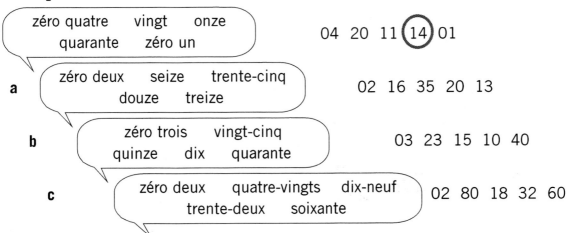

zéro quatre   vingt   onze
quarante   zéro un

04 20 11 (14) 01

a zéro deux   seize   trente-cinq
douze   treize

02 16 35 20 13

b zéro trois   vingt-cinq
quinze   dix   quarante

03 23 15 10 40

c zéro deux   quatre-vingts   dix-neuf
trente-deux   soixante

02 80 18 32 60

Nom: _____

1 🔊 Listen and circle the number which is missing in each telephone number.

Nathalie	Antoine	Perrine
02 ?? 24 67 39	02 35 40 ?? 77	03 21 95 ?? 80
22 (35) 45 77	02 10 16 18	44 49 59 90

Martin	Karima	Jamel
02 35 ?? 51 62	02 35 11 98 ??	04 ?? 84 73 09
06 16 20 61	34 45 52 67	40 50 60 70

2 🔊 Listen and say which numbers have been written down correctly (✔) and which incorrectly (✘).

1 **Le Grand Café Capucines**   *01 43 12 19 00* ✔

2 **Pariscope**   *01 41 34 73 47* ☐

3 **La tour Eiffel**   *01 44 11 23 23* ☐

4 **Le musée Claude-Monet**   *02 32 51 28 21* ☐

5 **Le parc floral**   *04 72 45 69 18* ☐

6 **Le club des jeunes**   *03 80 08 67 25* ☐

équipe en clair 2

Nom: _____

🔊 Listen to the song and fill in the gaps using the words in the boxes on the right.

Chorus:

Zéro un, vingt-deux,

quarante-_____ , trente-_____ ,

Quatre-vingt-dix-_____ ...

C'est le téléphone qui _____ .

Words for **chorus** and **verse 1**
Mario
quatre
neuf
numéro
sonne
trois

Verse 1:

Allô, allô, c'est toi, Léo?

Ah non, c'est _____ !

Vous n'êtes pas au bon _____ .

(Chorus)

Verse 2

Allô, allô, c'est toi, Papa?

Attends un peu, ne _____ pas ...

Ah non, ton _____ , il n'est pas là.

Words for **verse 2** and **verse 3**
père
frère
mère
quitte
Claire

(Chorus)

Verse 3:

Allô, allô, c'est toi, Albert?

Est-ce que je peux parler à _____ ?

Ou à ma _____ ou à mon _____ ?

(Chorus)

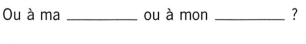

Nom: _____

Complete the English translations for these French phrases. Choose from the box below.

1 Je m'appelle …   _____

2 J'ai … ans.   _____

3 Je suis anglais(e).   _____

4 Je suis gallois(e).   *I'm Welsh.*_____

5 Je suis écossais(e).   _____

6 Je suis irlandais(e).   _____

7 Je suis grand(e).   _____

8 Je suis petit(e).   *I'm small.*_____

9 Je suis gros(se).   _____

10 Je suis mince.   _____

11 Je suis blond(e).   _____

12 Je suis brun(e).   *I've got brown hair.*_____

13 Je suis roux / rousse.   _____

14 J'ai les cheveux courts.   _____

15 J'ai les cheveux longs.   _____

16 J'ai les cheveux frisés.   *I've got curly hair.*_____

17 J'ai les cheveux raides.   _____

18 J'ai les yeux bleus.   _____

19 J'ai les yeux verts.   _____

20 J'ai les yeux marron.   _____

21 J'ai des lunettes.   _____

I'm … years old.	I've got red hair.	I've got brown eyes.
I've got blonde hair.	I'm Scottish.	~~I've got curly hair.~~
~~I've got brown hair.~~	~~I'm small.~~	I wear glasses.
I'm called …	I'm tall.	I've got green eyes.
I'm English.	I'm thin.	I've got long hair.
I'm fat.	~~I'm Welsh.~~	I've got short hair.
I'm Irish.	I've got blue eyes.	I've got straight hair.

Nom: _____

1 Find the words below in the wordsearch.

```
C R E T N O R R A M S R
H D F H J K L O U Y E A
E S A G R O S C N H T I
V M P O L V E R T S T D
E F E C N I M T R G E E
U S D P F J S K G L N S
X S A E P É W R T O U H
D F H T S G P K M N L B
Z A S I D O S N P G T S
V B R T N I M L L S J T
E F S D A S F S G R H R
R T Y L P U O L G K J U
P U G I W E A S D C J O
L N B M F L D C W H B C
A O Y L K B G R A N D L
```

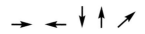

mince	cheveux	courts	bleus
gros	marron	verts	raides
petit	grand	anglais	longs
frisés	lunettes		

2 Use words you have found in the wordsearch to complete the descriptions of pictures **a–d**.

a J'ai les _ _ _ _ _ _ _

_ _ _ _ _ et _ _ _ _ _ _ .

b Je suis _ _ _ _ .

c J'ai les _ _ _ _ _ _ _

_ _ _ _ _ _ et _ _ _ _ _ _ .

d Je suis _ _ _ _ _ .

3 Read Nathalie's speech bubble, then fill in the blank speech bubble for yourself using the expressions in **bold**.

Je me présente:
je m'appelle Nathalie.
J'ai quatorze ans.
Je suis française.
Je suis petite et mince.
Je suis blonde.
J'ai les cheveux
assez longs.
J'ai les yeux bleus.

Je me présente: _____

je m'appelle _____
_____
_____
_____
_____
_____
_____
_____

équipe en clair 2

Nom: _____

1 Match the pictures to the phrases.
Write the correct letter next to each phrase.

1 Je suis allé(e) en ville. ☐

2 Je suis allé(e) au musée. ☐

3 Je suis allé(e) à la piscine. ☐

4 J'ai regardé un film. ☐

5 J'ai mangé une glace. ☐

6 J'ai acheté des souvenirs et
des cadeaux. ☐

7 J'ai fait une promenade en mer. ☐

a

b

c

d

e

f

g

2 Read the diary extract and match the pictures below to the days.
Write the correct letter in each box.

☐ **mercredi 13 juin**
Je suis allé à la plage avec Martin.
Après, j'ai mangé une glace. C'était
super!

☐ **jeudi 14 juin**
Je suis allé en ville. J'ai acheté
des souvenirs et des cadeaux pour
ma famille. Ce n'était pas cher!

☐ **vendredi 15 juin**
Aujourd'hui, j'ai visité Dieppe. J'ai
regardé un film et j'ai fait une
promenade en mer. C'était
fantastique!

☐ **samedi 16 juin**
Ce matin, je suis allé au musée et
à la piscine. C'était intéressant.

a

b

c

d

Nom: _____

Colour in and complete when you are confident that you can do the following:

1 I can ask for and give a telephone number.

> C'est quoi, ton numéro de _____ ?

> C'est le ___ ___ ___ ___ ___ ___ .

2 I can talk on the telephone.

> Allô? C'est _____ .
> Est-ce que je peux parler à _____ ?

3 I can introduce myself.

> Je m'appelle _____ .

> Je suis _____ _____ .

> J'ai les cheveux _____ .

> J'ai les yeux _____ .

4 I can say what I have been doing.

> Je suis allé(e) au _____ .

> J'ai mangé une _____ .

> J'ai regardé un _____ .

> J'ai acheté des _____ .

Nom: _____

1 Listen and match the people to how much pocket money they get.

Example   Émilie   *12 € par semaine*

Théo _____   Mathilde _____

Patricia _____   Félix _____

Gaëtan _____

50 € par mois	30 € par mois	15 € par semaine	10 € par semaine	0 €

2 Listen again and match each person to what they buy or want to buy.
Write the letter of the correct article next to each name.

Example   Émilie   [b]

Théo   [ ]

Patricia   [ ]

Gaëtan   [ ]

Mathilde   [ ]

Félix   [ ]

a

b

c

d

e

f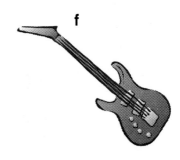

Nom: _____

1 What job do you do? In the box below, say what you do, how much money you get and what you buy with the money. (If you don't have a job at the moment, make one up.)

Je _____ .

Je gagne _____ .

Avec l'argent, je/j' _____

_____ .

2 Which picture is of Martin, Sarah, Paul or Anne? Match the speech bubbles to the pictures and write the correct name beneath each picture.

> *Je m'appelle Martin. Je suis anglais. J'ai les cheveux courts et raides et j'ai des lunettes.*

> *Je m'appelle Nathalie. Je suis galloise. Je suis petite et j'ai les cheveux frisés.*

> *Je m'appelle Paul. Je suis écossais. Je suis grand et assez gros avec les cheveux courts.*

> *Je m'appelle Anne. Je suis irlandaise. Je suis assez mince avec les cheveux longs et raides.*

a _____ b _____ c _____ d _____

Nom: _____

1 🔊 Listen and tick the jobs these people do.

Éric		✔			✔	
Lucie						
Yann						
Isabelle						
Marc						
Stéphanie						

2 🔊 Listen again and complete the table with how much they earn and what they buy or want to buy with the money.

	Combien?						
Éric	6 €						✔
Lucie							
Yann							
Isabelle							
Marc							
Stéphanie							

Nom: _____

1a What did you do on holiday? Choose three pictures and tell your partner.

> Je suis allé(e) au parc, j'ai mangé une pizza et j'ai acheté une boisson.

2a Choose one of the pictures and describe the person to your partner as if it were yourself.

Example

> Je suis petit et mince. J'ai les cheveux courts et raides.

1b Listen to what your partner says and tick the correct boxes.

2b Listen to your partner and tick the picture they describe.

Nom: _____

1a Read the brochure. Circle the pictures of five things you can do in Dieppe.

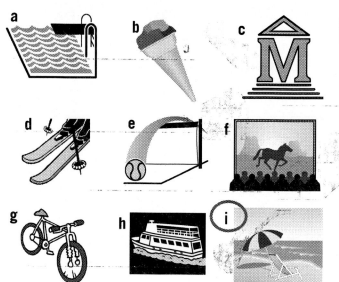

À Dieppe

On peut ...
- aller à la plage
- aller à la piscine
- faire une promenade en mer
- manger des glaces
- aller en ville et acheter des souvenirs
- aller au cinéma et regarder un film

En plus, on peut visiter des musées, le château et la Cité de la mer.
À Dieppe, on ne s'ennuie jamais!
À Dieppe, les vacances sont vraiment sympa!

1b Read the following text and underline four phrases in Marion's account of what she did in Dieppe which are <u>not</u> mentioned in the brochure above.

«Je suis allée à Dieppe pour voir ma copine Nathalie. Samedi, je suis allée à la plage et j'ai mangé une glace. Dimanche, j'ai joué au tennis avec Nathalie et après, j'ai fait une excursion en car. Lundi soir, je suis allée au cinéma. Le film était super! Mardi, je suis allée au parc où j'ai fait du vélo.»

2 Read the personal profile of Antoine and answer the multiple choice questions. Underline the correct answer.

Je m'appelle Antoine et j'ai treize ans. Je suis assez grand et mince avec les cheveux courts et raides. Je suis blond et j'ai les yeux bleus.
À la maison, j'aide mes parents. Je fais les courses tous les jours, je promène le chien et le week-end, je fais du baby-sitting.
Je gagne 10 € par semaine et je mets de l'argent de côté pour acheter un ordinateur.

1 Antoine is   a 12.   b 13.   c 14.

2 He is   a quite tall and thin.
          b quite short and fat.
          c very tall and fat.

3 He has   a short blond hair.
           b long blond hair.
           c short brown hair.

4 He   a walks the dog and washes the car.
       b does babysitting and the shopping.
       c does shopping and the housework.

5 He's saving for   a a bike.
                    b a moped.
                    c a computer.

Nom: _____

1 What can you buy with your pocket money? Label these items in French.

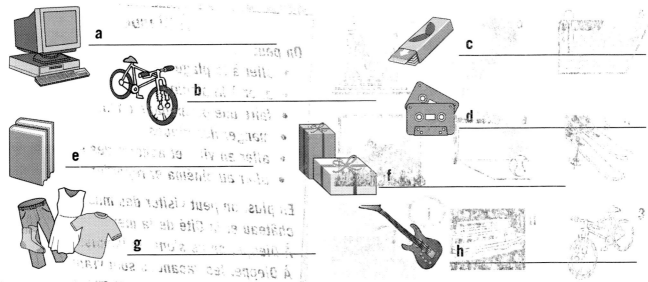

a _____

b _____

c _____

d _____

e _____

f _____

g _____

h _____

2 Rearrange the words so that these sentences make sense.

a des   J'achète   vêtements. _____

b mon   garde   frère.   Je _____

c Je   par   10 euros   semaine.   gagne _____

d mets   Je   de côté.   l'argent   de _____

e Je   pas   n'ai   d'argent   poche.   de _____

3 Choose words from the word wall below to write a description of yourself (five sentences).

je m'appelle ...	j'ai les cheveux ...	courts	raides
frisés	je suis ...	assez	mince	très
grand(e)	gros(se)	longs	j'ai ...
bleus	verts	marron	anglais(e)	gallois(e)
irlandais(e)	écossais(e)	petit(e)	brun(e)
... ans	roux/rousse	des lunettes	les yeux	blond(e)

_____

_____

_____

_____

_____